日本世相

[日] 斋藤茂男 著

高璐璐 译

妻子们的思秋期

浙江人民出版社

图书在版编目（CIP）数据

妻子们的思秋期 /（日）斋藤茂男著；高璐璐译. —杭州：浙江人民出版社，2020.1（2021.6重印）
ISBN 978-7-213-09537-5

Ⅰ. ①妻… Ⅱ. ①斋… ②高… Ⅲ. ①社会学-研究-日本 Ⅳ. ①C91

中国版本图书馆CIP数据核字（2019）第253249号

浙江省版权局
著作权合同登记章
图字：11-2019-125号

SAITO SHIGEO RUPORUTAJU NIHON NO JOUKEI 1: TSUMATACHI NO SHISHUKI
by Shigeo Saito
© 1993 by Yoko Saito
Originally published in 1993 by Iwanami Shoten, Publishers, Tokyo.
This simplified Chinese edition published in 2019
by MoveableType Legacy (Beijing) Co., Ltd., Beijing
by arrangement with Iwanami Shoten, Publishers, Tokyo

妻子们的思秋期

[日] 斋藤茂男 著　高璐璐 译

出版发行：浙江人民出版社（杭州市体育场路347号　邮编　310006）
　　　　　市场部电话：(0571)85061682　85176516
责任编辑：郦鸣枫
特约编辑：薛　倩
营销编辑：陈雯怡
责任校对：杨　帆
责任印务：刘彭年
封面设计：泽　丹
电脑制版：杭州兴邦电子印务有限公司
印　　刷：杭州宏雅印刷有限公司
开　　本：880毫米×1230毫米　1/32　　印　张：7.75
字　　数：172千字
版　　次：2020年1月第1版　　　　　　　印　次：2021年6月第4次印刷
书　　号：ISBN 978-7-213-09537-5
定　　价：45.00元

如发现印装质量问题，影响阅读，请与市场部联系调换。

关于《日本世相》

这套《日本世相》一共十二册，是纪实文学作品。二十世纪七十年代到九十年代间，我采访过很多普通人，记录下他们的生活场景和心理状态，于是有了这些"日本世相"点滴。

当时想采访的主题很广，主要包括在经济高速成长的背景下，工厂与工人、学校和孩子之间的矛盾，夫妻之间的纠葛，家庭关系的破裂，以及两性关系、衰老、智力障碍儿童、生命……采访对象也形形色色，乍一看，似乎完全没有头绪。

原本，我并没想好是随性而来，还是当成正式的工作去做，只是观察到一些社会现象，嗅到了"时代表情"的气息，于是追着这个主题去取材，从中竟发现了从未察觉的全新领域，就好像有神的启示，深深吸引了我，让我睁开好奇的双眼。我这才找到着力点，开始深入挖掘"初心"。虽然最初的题材有些虎头蛇尾，但在这个范围里，我找到了新目标，一边采访，一边发现更多新的目标……

这种随性的摸索，最终带来了这套纪实文学。

话虽如此，但其实我自己也有一直想做的课题，像低音回旋一般，在心中久久回荡——那就是关于"资本主义与人类的关系"。大环境下，我们眼前一片繁荣，但只要稍微切换舞台，就能看到各类被异化的群体，他们深受各种打击。所有人都陷入一个巨大装置，努力把时间变为金钱，被强迫着，要更快、更有效率地活着，哪怕超越身体极限，时时刻刻，一分一秒都不能错过。这节奏让我们无法按照自然时间生活，过有生命力的生活，只感觉身心俱疲，不停被压榨。外部世界看似华丽，内部却可怕地快速运转着，让人不断沦陷其中。不知所措的焦虑、充斥心中的空虚……终于有一天，忍不住爆发出来：我这究竟是在干吗！然而，也只有那么一瞬间，转眼工作来了，我们像自动切换的机器，不得不回到现实，按照既定方式，完成既定的角色。如果，这就是现实，那日本的资本主义究竟是什么，即便它带来了第二次世界大战后的繁荣社会——这是我的思考，我想要亲自找出答案。

这套《日本世相》，每册的主题不同，但有共同的出发点，以及相同的采访动机，那就是我想要挖掘出"桎梏的结构"。而且，从一个主题到另一个主题，采访过程也前后呼应。这十二本书相互关联，可以说是一个整体。

借这次整理的契机，我把之前零碎的内容整合起来，就像把散乱的石子排列整齐般。但如何叙述采访对象所经历的时代碎片，今后会如何发展，当下又该如何表达"现状"，我依然在不断思考。我想从这些角度，捕捉我观察到的整个时代的意义。幸运的是，我有得力的同行者，上野千鹤子女士、镰田慧先生、岸本重陈先生、汐见稔幸先生等，他们都在用自己独特的方式挖掘社会的本质，和我一道完成这一工程。在这项共同完成的"作品"里，日本世纪末的景象会是何种模样呢？

斋藤茂男
一九九三年秋

目 录

关于《日本世相》 / 001

前 言 / 001

I 妻子们的思秋期

无言剧 / 003

寂寞、难过…… / 去海边的精神病院 / 想念死去的孩子 / 罪魁祸首是失眠的夜晚 / 疏远的夫妻关系 / 寂寞的少女时代 / 戴着面具假装幸福 / 漫无止境地等待丈夫 / 丈夫的职场异常残酷 / 憧憬孤岛生活 / 全勤的结局却是自我毁灭 / 走投无路的五十岁 / 与女职员的私奔 / 工作狂的理由 / 我的人生，究竟是什么？

主妇布鲁斯 / 037

"倦怠期"的男人们 / 优雅外派职员太太的背后 / "魔鬼"六点钟 / 二十五年都不管我！ / 被生母抛弃 / 妻子的不满

// 妻子们的思秋期

和怨恨 / 密闭的呻吟 / 下次再喝就离婚 / 先生去了工地 / 依赖母亲的"乖孩子" / 失去意义的那一刻 / 想要肉体的交流 / 主妇的生活太无聊了

紫色的情景 / 067

女人是男人的陪衬吗 / 陈旧思想是绊脚石 / 在严寒的大陆结缘 / 暮年爱情哀歌

和 X 先生的对话 / 076

只想认真活在当下 / 以妻子们的空虚为代价

读者来函 / 081

这是奢侈的烦恼吧 / 努力做各种尝试 / 无处安放的能量爆发

Ⅱ 妻子抛弃丈夫的时刻

黑河 / 093

从失恋的孤独中迅速抽身 / 让新婚妻子心寒的风 / 上流阶级意识强烈的夫家 / 无法离开父母的巨婴 / 在父母的心理压力下 / 为自私的冷漠哭泣 / 被拒绝的感觉如寒冰 / 凄凉的性关系 / 表现在性上的以自我为中心 / 在异国他乡的孤独感日渐加深 / 抛弃丈夫独自回国 / 关系破裂的原因是什么 / 被外在的价值所魅惑 / 没有爱就活不下去

目 录

冰冷的家 / 123

丈夫是永不停歇的企业战士 / 请你们远离她 / 好像在陡坡上翻了跟头 / 不会关心人的夫家人 / 强势的婆婆 / 为了儿子找工作奔波 / 看不起老实懦弱的父亲 / 如何培育情感能力？ / 无法原谅你的态度 / 没有尽头的性之荒野 / 黑洞般的寂寞 / 隐藏内心空洞的拼命三郎 / 连离婚也要为母亲考虑

在迷雾之中 / 151

蔓延街头的爱情绘卷 / 我有喜欢的人…… / 甩开丈夫的哀求 / 在父母不和的家庭长大 / 恋爱什么的太低俗了…… / 外派职员眼中的光景 / 被逆来顺受的母亲教育…… / 繁荣的企业活动背后 / 女人最美的年华，不知性为何物 / 离婚是走向重生的一步

和 X 先生的对话 / 173

结婚的条件是男女独立 / 她们支撑着繁荣的社会 / 想活出自己的心声

读者来函 / 180

站在厨房望着街灯 / 根深蒂固的贤妻崇拜 / 拓展生命的深度与广度

采访笔记 / 187

飘摇着变形的影子 / 一个中层管理者的阵亡 / 等待着骚扰

// 妻子们的思秋期

电话…… / 我想直接向社长投诉 / 像新干线火车玩具 / 像冻粉一样松松垮垮……

后　记 / 203

追踪采访　　妻子们的革命成功了吗？／ 205

梦想描写妖怪的生态 / 丧失生存意义的构造 / 写给自己赚钱自己花的妻子们 / 从依附属性中得到解放的女性 / 唱K和出轨 / 崩塌的空洞 / 寻找新的酒精 / 尽管婚姻观发生了变化 / 现代思秋期的构图 / "女人应该怎样"的桎梏 / 因暴力而动摇的家 / 远去的女人们

译后记 / 229

前　言

本书所收录的纪实报道的主人公，都是都市中产阶级家庭的熟年主妇，我想从现代社会关系的背景出发，捕捉她们的心理状态。

全书的前半部分记录了六位家庭主妇陷入酒精依赖症的过程。她们是书里的主角，也是最近不断增多的患者中的典型代表。她们的丈夫是上班族，是企业战士，但眼中只有在公司中的晋升，完全看不到妻子们的诉求。女人们因此积攒起种种寂寞、不满，乃至因丧失生存目标而茫然，为了填补内心的空虚，最终深陷酒精的泥潭。

后半部分的主题是"妻子抛弃丈夫的时刻"，文如其题，主角是四位正值中年的妻子，她们主动向身处企业管理层、地位稳定的丈夫提出离婚，选择离开。在外人看来，她们财务自由，有着幸福的家庭，为什么要主动放弃这一切呢？我试图描绘出她们一边挣扎一边寻找新生的内在精神世界的状态。

原本，我并没有打算以"妻子们"为采访对象写这本纪实作品。我的初衷是记录"男人们"，记录那些奋战在国内外经济战争第一线、永不止步的日本上班族。我想以他们的工作内容、人事管理组织、经历的烦恼以及生活方式等为线索，从企业内部的角度出发来描写日本，展现出这一经济大国的真实模样。

大家都在说经济进入了低速成长时期，但实际情况绝非如此，竞争甚至进入了更为激烈的阶段。我有机会走进日日加速前进的企业内部，了解到了最真实的情况，亲眼看到焦虑如何产生，也看到越来越多的人陷入精神衰弱，最后不得不入院治疗。然而，在这个过程中，我的视线却被这些"男人们"背后的"女人们"所吸引，当丈夫出征企业前线时，妻子在大后方的家里承受着种种悲苦。我试着站在"女人们"的角度去观察，竟然清晰地看到我苦苦寻求的目标渐渐浮现出轮廓，投影在她们身上——随着时间的推移，这一观察结果愈发明晰。

于是，我重新调整了采访内容，开始把镜头对准"女人们"，也就是中产家庭的妻子们。这样一个调转方向的举动——"从女性角度观察真实状况"，让我看到了意料之外的东西，也最终有了这本纪实文学。

在我任职的新闻单位，有一类采访主题是"女性问题"。作为男性记者，我以前对此几乎无感，对很多内容都不曾深入思考。直到我真正开始将"女性问题"纳入视野，才意识到自己曾经被先入为主的观念操控得多深。我以前一直觉得那是女性自身的问题，和政治、经济这些有分量的课题相比，女性问题太浅层了，这些问题也许对女性自己来说很重要，但终究不是什么紧要的事情，我甚至都没有想到它是和社会问题紧密联系在一起的。如今不得不承认，我们真是太冷漠了。女人们的呼声就那样被忽视了，不要说身边个体私下发出的抱怨，就算是面向大众、高声呐喊的呼吁，在我这个男记者听来也相当不耐烦，左耳进右耳出，最多"好像有点印象"。

然而，随着我对"妻子们"的采访不断深入，我听到了女性的诉求，这诉求里包含着她们逐渐苏醒的独立意识，诉求的内核也不仅仅只与女性自身利益有关，对包括我在内的男性，也可以说对生活在这个时代的每一个人来说，都是至关重要的根本问题——那就是人应该怎样活着，以及让人活得有尊严的社会应该是什么样子。换言之，这件事不完全是女人的问题，也是男人的问题。但令我羞愧的是，如此简单的事情，我直到如今才恍然大悟……

当男人们毫不犹豫地投身于现代资本主义社会的构筑时，女人们却并不将之视为理所当然，她们通过丈夫这样一种存在，用近似本能的感性提出了疑问，也用灵魂与肉体向男人们表达了自身的诉求——在采访过程中，我切实地感觉到了这一点。因此，这系列报道并不仅仅面向女性读者，我也深切希望各位男同胞能认真读一下。

一九八二年春夏之际，我在日本全国三十八家与共同通信社有合作关系的纸媒上连载了系列报道《日本的幸福》第一部（"妻子们的思秋期"）和第二部（"妻子抛弃丈夫的时刻"）。文本经过整理之后，就有了本书。

在报纸连载阶段，我基本没有正面提及两性生活的内容，但这部作品想要深入探讨夫妻关系，就不可能避开性的话题。对我来说这是初次挑战，而我也只是把采访中妻子们谈到关于性的描述如实记录下来。这不仅仅是两性关系的问题，也涉及影响夫妻关系的微妙的心理脉络。在这一过程中，我得到了很多临床经验丰富的专家的协助，包括精神科医生、心理学家、心理咨询师、临床医学家等，他们让我看清了采访中难以明晰的阴暗部分。如果没有主角们配合采访，允许我进入她们的内心私密领地，如果没有专家们的专业支持，我一定无法完成这本书。

整本书的采访由我和共同通信社的记者中豪、池田信雄三个人一起负责。《日本的幸福》①尚未完结，第三部"老后之路·女人之路"将聚焦长寿之国背后日渐严峻的阿尔茨海默病这一问题。妻子们即将面对养老与女性身份并存的人生阶段，她们将如何在人生夹缝中生存，这是有待我今后继续追问的课题。

斋藤茂男

一九八二年十一月

---

① 即本书所属的《日本世相》丛书连载时的原名。——本书注释均为译者注

妻子们的思秋期

— 无言剧 —

寂寞、难过……

北见荣一和妻子菊江,生活在北陆地区的 A 市。北见先生是某大型都市银行的分行行长,他们住的地方是银行内部代租的高级公寓,月租十二万日元。菊江有个从十几岁起就认识的密友多加子,两人的丈夫还在同一家银行。两年前的春天,多加子接到菊江打来的一通电话,感觉很不对劲,她非常担心,急急忙忙从东京赶往A市。

这么多年来,两人一直保持着联系,多是菊江给多加子打电话。从菊江的丈夫工作的城市打来,大概每个月一次的频率,两人会聊些家常,并没什么特别的。但自从菊江他们搬去了鹿儿岛,通话频率高了起来。那时候多加子住在山形县,几乎十来天就接到一通菊江的电话,后来变成每周一次,有时候甚至一天两次。

"她总是说'我好寂寞啊,你呢?'说着说着就哭起来。我安慰她:'这样不行哦''振作起来''要不,去外面走一走吧'……但没用,我感觉到,她的精神状态越来越差……"

自从菊江跟丈夫搬去 A 市,多加子就从对话里感觉到了异样,好像她有些生病的征兆,比如大白天打电话来哭哭啼啼,总是说

"我好难过,这可怎么办……"之类的话。

"我邀请她过来散散心,定下来了好几次,跟她说可以借丈夫出差的机会,顺便来找我。但每次一到日子,我和她联系,她就哭着说,'不来了,求求你,别见到我现在的样子……'也差不多是那段时间开始,经常听她在抽泣声里断断续续夹着'我想死''我还是死了吧'之类的话……"

听到"死"字,多加子开始慌了。菊江以前住的银行公寓楼里,隔几户的邻居家里就发生过女主人上吊自杀的惨案。当时菊江很受打击。多加子不禁想起菊江那时的表情,与此时话筒后面菊江的表情重叠在一起,不是吧……万一……她不敢细想太多,担心得坐立难安。

她们有个共同好友——绫子,住在京都,丈夫也在同一家银行工作。加多子联系了绫子,两人在中间车站会合,第二天下午就一同乘车赶到了菊江家里,那时候春雪还未消融。

房间里一片漆黑,窗帘紧闭。十五块榻榻米大小的客厅里,被子散乱一地,菊江穿着睡衣,裹着被子,半蹲在地上。她一个人在家,说丈夫出差了。

被子旁边一片凌乱,电话,脏兮兮的烟灰缸,脱掉的外套、内衣,碎纸片,乱糟糟地堆了一地。菊江没有孩子,就把宠物狗当孩子一样疼爱,但最近怕是没人带它出门,大小便拉得家里到处都是。整个房间散发出刺鼻的酸臭味,其中还混合着酒气。

"她本来一百二十斤的体重,竟然瘦到了八十斤,手脚细得没了人形,肚子却鼓得像个孕妇,眼睛一圈黑得像唱戏的一样,那副样子,太可怕了。"

让多加子她们震惊的还不止这些。菊江竟然当着她们的面,倒了一满杯威士忌，一口干了下去。两个人阻拦着不让喝，她还不停地哀求着，让我喝吧……结果又像喝水一样灌下去。喝完开始狂吐，号哭。

外表看似幸福的高级公寓，谁能想到房间里竟是此般情景。究竟发生了什么？

去海边的精神病院

"对不起，我变成了这样子，但让我喝一点吧，求求你了，你看我的手，抖得停不下来了……"

菊江伸出枯瘦如柴的双手，向多加子她们哀求着。再一问，丈夫出差三天，她就一直这样喝了睡，睡了喝，浑浑噩噩地过了三天。

终于让她喝了一点，她才睡去，伴着轻微的鼾声。多加子趁这个时间，把房间收拾了一下，才发现，衣柜的棉被里、抽屉角落、储物柜里，到处散落着洋酒的空瓶子，数数有十几个。家里脏得一塌糊涂，厨房、浴室、卫生间，一看就知道很久没打扫过了。

多加子了解菊江，她是个比常人更爱干净的人，从来没有怠慢过家务。没想到，如今竟变得如此邋遢。

她们劝菊江先去医院看看，菊江不同意，说要等到丈夫回家再说，种种推托。第二天傍晚，菊江迷迷糊糊地站起来，靠着墙，摇摇晃晃想走去卫生间，一头栽倒，吐出了咖啡色的血。

多加子吓坏了，赶紧叫救护车，可这种危急时刻，菊江还在抵抗，说："不要打电话！邻居知道的话，我老公会很没面子。"多加子只好叫来出租车，总算把她送去了当地的综合医院。

那时候，菊江被诊断的结果，已经是重度酒精依赖症。

在医院做了紧急处理后，过了几天，菊江被转移到A市的精神病院，接受更专业的治疗。那是个靠日本海的小地方。医院盖在小丘陵的自然森林里，从窗户望出去，是一望无际的农田、沙滩和防风林，后面是冬天的银色大海，望不到边。

A医生是菊江的主治医师，他带我走去住院部的路上，我看到两三位女性患者靠在一起，坐在朝南的向阳处，闭目养神。她们也是酒精依赖症患者。这个医院的生活很简单，从早上六点起床，到晚上九点熄灯，病人就是吃饭、冥想、劳动、娱乐、反省……全靠大家自觉完成。我还看到，医院的墙壁上贴了很多句标语：

"更理性、更坚强、更认真，我发誓，一定戒酒！"

一个写着"保护室"的小房间里，有个四十多岁的男人，胡子拉碴。房间的水泥地板上铺着被子，他站在上面，弯着腰，伸手在墙上挠来挠去，好像在抓什么。

"他有小动物幻觉，感觉墙上有小动物在爬，就想用手去抓。这也是酒精依赖症的特有症状。"

A医生说，菊江刚住院的时候，也出现过幻听和幻觉。

她常常向护士投诉："隔壁房间的吉他声，吵得我睡不着觉！快让他停下来！"她老说有人在弹吉他，还唱民谣，又或者觉得耳边有人在大声吵闹，还时不时出现被害妄想，"肯定是间谍，想把我关在屋子里，给我实施电击！"一直吵着要回家。

住在医院的女患者，都有着各种复杂经历。有个酒精中毒的女病人，本来都痊愈了，但丈夫在国外出差期间，旧病复发，酒瘾变成了购物瘾，一掷千金，狂买流行服装，不得不再次住院治疗。据说，她家的衣服堆积如山，多到可以开一家时装商店。

还有一位家庭主妇，和儿子的家庭教师发生了性关系，事后又自责，担心被丈夫发现，整天惴惴不安。因为太想逃避这种痛苦，便开始酗酒，最终一发不可收拾。

即便有些人完全恢复，也会被过去的阴影缠绕。她们心里很清楚，无论如何都不能碰酒，却又会在心魔的驱使下，像梦游一样，在超市偷东西，等回过神来时，已经被逮捕。

这些女性，都是心里太难过了，积郁成疾，才沾染上了酒精。

"她也是这样……"

医生娓娓道来这位银行行长夫人——菊江的故事。

想念死去的孩子

当时，和多加子一起送菊江去医院的是绫子，她丈夫和菊江的丈夫曾一起在神户分行共事，大家还一起住过阪急沿线的公司宿舍，关系相当密切。东京奥运会那年，菊江家搬去了东京，没多久，绫子家搬去了横滨。这之后，两家人的交往更深了。

"住东京的时候，她刚过三十，我们一起学习法国刺绣，还跟老公上司的太太一起学印染……有时候会约四五个聊得来的女性，喝酒啊，聚一下。那时候，她挺受欢迎的，偶尔喝多了，醉的时候也胡言乱语，突然说什么'啊，好想出家当尼姑啊……'"

绫子毫不避讳地说起这些。但菊江为什么"想出家"呢？

这应该和那些"孩子"有关，对菊江来说，这是永远无法释怀的心病。

在菊江二十八岁那年春天,她怀有六个多月的身孕。当时,丈夫结束了福冈的工作,被调去神户。那个年代还没有新干线,只能坐夜间卧铺。凌晨,不知道什么原因,车厢突然受到强烈撞击,剧烈摇晃,菊江也跟着从床上翻滚下来,撞到了肚子。

虽然最后也到了神户住所,但担心的事情还是发生了。当天夜里,菊江感觉很不舒服,送到医院的时候已经晚了。流产。

"宝宝的手指像小叉子一样,小小的,多可爱啊……"

每每说起这段往事,菊江都忍不住流下眼泪。其实这之前,菊江已经流产过一次,没想到,这次又这样,要说不介意那是不可能的。更不幸的是,火车事故后,她又经历了一次七个月的早产。

"那孩子活了三十多个小时,她一直后悔,为什么没有早点采取急救措施……孩子死后,被埋在了神户郊外的公共墓地。这之后,菊江就常念叨'要是那孩子还活着,今年就多少岁了'之类的。"

那些连名字都没有的"孩子",却让菊江深深挂念。而这时,她丈夫晋升管理层,当了广岛分行的领导,再次面临搬家,更加剧了对菊江的折磨。

"我最近啊,常常听到孩子们在叫我。这是什么意思呢?哎,我死后,一定会下地狱吧……"

绫子说,从那时候起,开始听到菊江抱怨"很寂寞"。事实上,这可能也和绫子有关系。

住在东京的时候,大家一起学习法国刺绣,过着所谓银行行长夫人的"优雅"生活。菊江和绫子的关系在女伴中也尤为亲密。因为三十多岁的时候,她们都没孩子。

"公司公寓这种地方,如果家里没孩子,很容易被别人疏远。所以这一点上,我们俩'同病相怜',关系也就更亲近。"

但四十二岁那年，绫子自己也没想到，她高龄生了孩子。两个人的关系从此有了距离。

绫子告诉她自己怀孕的时候，菊江在电话里，很暖心地对绫子说：

"无论怎么样，一定要生下来！再辛苦，也要加油哦！"

她像在鼓励自己一样。虽然是真心为朋友开心，但从此以后，这条路上只剩自己一个人，菊江对无名的"那孩子"的思念也更深了。

菊江在广岛的房子是高层公寓，从十一楼的房间望出去，能远远看到广岛湾。夕阳西下，造船所的起重机被染成橘色。每天早上，送走丈夫后，她就被困在这个钢筋水泥的密室里，孤身一人。

"不仅仅是没有孩子的孤单，人到了四十岁，会被更复杂的心理因素困扰。"

菊江的主治医师A医生这么告诉我。是什么困扰呢？

罪魁祸首是失眠的夜晚

工作调动，是日本白领的家常便饭。菊江、多加子、绫子她们丈夫工作的银行也是如此，几乎每隔三年，就有次全国规模的人事调动。如果那一年赶上孩子升初中、高中，父亲就只好单身赴任，否则会影响孩子升学。调动次数之频繁，给家庭带来了很大影响。

即便全家跟着一起调动，也会给家人带来长期困扰。

多加子的丈夫，一直在管理岗位，工作三十多年来，远近调动加在一起，至少换过八个地方。多加子说，孩子初三那年，为了让他安心复习，只能拜托给在东京的父母照顾，结果变成了夫妻二人的世界。

"男人不论去哪儿,只要有工作,就能迅速建立起人际关系,找到自己的社交圈。女人就没那么容易了,适应新环境相当花时间。就算报各种兴趣班,也不一定能遇到和之前一个流派圈子的老师。我先生还总说我,'你这个人,做什么都半途而废',其实是我每次刚进入状态,就要跟着他换地方,学什么都断断续续。"

住在东京时,菊江学了印染,会把自己的作品送给亲戚,零花钱多的时候就和朋友聚会,慢慢地也有了自己的交际圈。

搬去广岛后,菊江断了之前的人际网络,又经历流产、早产的打击,多种情绪交织在一起,一给多加子她们打电话,就倾诉自己"寂寞"。

如果有孩子,还能参加PTA[①],和孩子的母亲们交往熟识,但菊江没有机会,丈夫的工作调动对于她来说,只意味着更可怕的孤单。

"还有,和丈夫公司的太太们交往也很麻烦。男人的身份地位,会映射到女人的交往里。一不小心说了得罪人的话,后果不堪设想……打交道得万分谨慎。所以我啊,和其他公司的太太们,什么保险公司、交通公司,交往时间还更长一些。"

多加子说,菊江搬去广岛后,也只和丈夫公司的家属交往,但都浮于表面。

渐渐地,菊江不爱出门了,更闹心的是,本来就人生地不熟,

---

① PTA:Parent-Teacher Association(家长教师协会)的简称,为了提高教学效果,以学校为单位而设立的学生家长、学校教职员工的联合组织。诞生于美国,在日本也十分普遍。

家附近还总有噪音,失眠侵袭而来。广岛的房子在国道边,车流量很大,哪怕深夜也车水马龙,马达声不绝于耳。丈夫适应能力强,睡觉前戴上耳机,听听音乐,不知不觉也能睡着。但菊江辗转反侧,整夜睡不着。为了补回睡眠,她就想早上送走丈夫后白天再睡,然而还是无法入睡。大概就是从那时候起,菊江喝起了威士忌,当成安眠药用。就算白天喝睡着了,晚上也能醒来,迎接丈夫回家……

被孤独包围着,那感觉就像独自穿越荒漠,她只好趁丈夫不在家,偷偷借酒精的力量,逃避失眠的痛苦——这种短效的安眠药,给她带来了多大的影响,菊江自己也想象不到。

"没有孩子,从老公上班,到晚上回家,一整天的时间都是自由的——家庭主妇一旦沾上酒精,试图填补空虚,减轻自己的不满,就很容易变成酗酒。菊江也是这样,喝得醉醺醺的,但表面上,她的理由是,我只想睡觉……"精神科医生如此说道。

其实那个阶段,菊江正在和内心的空虚做着激烈斗争。

疏远的夫妻关系

身处孤独的公寓中,菊江很想缓解噪音导致的失眠,她爱上了白天喝酒,像是自我安慰般渐渐沦陷其中。一直以来,她都和丈夫一起吃早餐,后来慢慢没了食欲,一个人打发午饭、晚饭,也几乎不吃东西,甚至连准备的力气都没了。

到最后,喝到手指僵硬,甚至不受控制地发抖,指尖也跟着出现疼痛,无法弯曲,涂不上口红,也打不开电冰箱,因为抓不住把手。按电话号码的时候,得用两只手夹住钢笔,用笔尖才能按到数字。

主治医生说,女性从喝酒到酗酒,这个过程比男性快得多。菊江也只不过四年时间,就到了这种严重的程度。然而,即便比男性的时间短得多,这期间,丈夫也不可能没有察觉吧?负责治疗的医生说,丈夫肯定一早就发现了,只不过没有努力阻止。

"酗酒,其实就是用酒精代替内心语言,表达说不出口的情绪。对菊江来说,这是个暗示行为,她内心非常希望丈夫来制止她,看到她的内在需求。"

但这位丈夫没有回应妻子的需求,也没能消除她的不满,反而纵容她,对她的表达视而不见。他以为这是好的方法,结果妻子对这种忽略更加不满,只好继续自我折磨——医生如此分析了两个人的关系。

"说直接点,这对夫妻,缺少男女之间更简单粗暴的交流。比如,这位丈夫完全可以很生气地把瓶子抢下来,甚至骂妻子'你这个混蛋,又想喝酒!',但他没有这样做。而妻子呢,也没有自制力,她本来可以选择更直接的方式,表达自己的情绪,但她选择自己忍着,不愿意给对方添麻烦,最后都成了自己的精神压力……表面上看,他们夫妻的关系风平浪静,其实暗地里,隐藏着各种危险因素,导致妻子最终染上酒精依赖症……"

山田洋次[①]导演的系列电影——《男人不容易》(中译《寅次郎的故事》)里,主角寅次郎动不动就因为小事而暴怒,甚至大打出

[①] 山田洋次(1931—):日本编剧、导演,代表作有《寅次郎的故事》《东京家族》《小小的家》《家族之苦》。

手。观众们看到这样的人设,都会爆笑不已,觉得他很蠢,很可爱,但看着看着,又会忍不住哭起来——因为在寅次郎的世界里,他想笑就笑,想哭就哭,没有这样的"危险因素"。

提起菊江的丈夫,朋友们多评价他"忠厚老实,成熟有担当,工作能力强,挑不出大毛病"。有这样的伴侣,菊江还有什么不满,以至于用语言都无法表达?

于是,我去见了菊江。

一个严寒的冬日,雪花从黯淡的天空飘落,我赶往A市郊区的一家旅馆。菊江已到达二楼房间。出现在我面前的她,竖着大衣领子,又裹了一件大披肩,看起来是上了些年纪,毕竟四十九岁了,但言谈举止,仍是行长夫人的气质。

她心里应该挣扎了很久,考虑该如何与陌生人谈起自己的过去,而且是堪称悲惨的往事。但她的表情看不出丝毫异样,说话还是那么温柔。然而,聊了才知道,眼前这位行长夫人,其实出生在普通家庭,也有过并不幸福的童年。

菊江的老家在长崎县的海港小城。父亲是家具师傅,手艺好,带有两三个徒弟,就是脾气暴躁,常常喝醉了酒对母亲大打出手。菊江晚上上床后,常听到父亲骂骂咧咧,都是在训斥母亲。

"我小时候总在想,为什么妈妈不从爸爸身边逃走呢,我甚至还恨过我父亲。直到长大后,我才想明白,其实,父亲也有宠爱妈妈的时候,慢慢地,也原谅了他……"

菊江的母亲,娘家是开酿酒厂的,她和做木工的父亲似乎不登对,是什么样的感情,让两个人生活在一起,菊江小时候一直没想通。在她五岁的时候,有一天,母亲突然不辞而别。

寂寞的少女时代

"女演员冈田嘉子与杉本良吉手牵手,越过桦太敷香町(现库页岛波罗尼克)的国境线,进入苏联……"[1]

这是昭和十三年(1938)一月三日的新闻,大家在一片震惊里迎来了新年。前一年七月,日军入侵中国,战火硝烟弥漫,临近年末,又占领了南京。军国主义横行的背景下,上原谦和田中绢代的电影《爱染桂》[2]大获成功,主题曲《旅行的夜风》唱片销量达到百万张,真是个宛如梦幻泡影的时代。

菊江的母亲,这个生活在长崎海港小城的女人,就是在这个时候离开的。那一天,母亲抛下五岁的菊江和正值青春期的菊江的兄姐,独自踏上了开往上海的邮轮。

乡土史专家说:

"昭和十几年的时候,上海与长崎之间的往来极其密切。邮轮'上海号'和'长崎号',在港口之间不停往返,下午从长崎出港的船,在第二天早上的绯色朝霞中,就能抵达扬子江河口,傍晚抵达上海。那时候,去上海的人太多了,中学修学旅行去上海,想去赌马也说走就走……做贸易的人就更多了,他们给住在上海的日本人卖友禅染的和服、挂画,给中国人卖仁丹、肠胃药、牙膏等。"

---
[1] 此处指1938年,日本左翼戏剧家杉本良吉与当红女演员冈田嘉子偷渡苏联的事件。
[2]《爱染桂》:1938年上映的日本电影,讲述医生和护士之间的爱情故事,是当时最热门的电影之一。

菊江的母亲混在这些商人里，去上海卖起了和服。

虽说上海不远，但一个家庭主妇孤身一人，远走经商，亦属罕见。所以，熟人都推测，要不就是这个女人太强势，要不就是家里出了什么事情，但菊江什么都不知道。

"听说是父亲在外面欠了钱，也可能是妈妈太辛苦了，总是挨父亲的打，想逃离这个家……但不管怎么说，妈妈什么都没跟我说，不辞而别，我当时很受伤。那天，我回到家发现妈妈不在，之后也一直没回来……

"大概每隔三个月，妈妈回来一次，但很快又走。长的时候，隔半年才回来。小学入学典礼那天妈妈也不在，是姐姐陪我去的，她大我九岁。

"我小学在海边，在学校可以听到邮轮的汽笛声，每次一放学，听到'上海号'、'长崎号'拉长的'嘟——'声，我就很紧张，怕妈妈刚回来又走了，会不会等下一到家，又见不到她了。有时候，担心真的成了现实。所以那时候起，我就没有安全感，总想着'会不会……'，一直很不安……"

母亲走的时候，菊江还小，家里人可怜她，都很疼爱她。不光是爸爸、爷爷奶奶，连哥哥姐姐，都像疼宠物似的宠着她。

"我和兄姐的年龄差了不少，所以他们很少把我当成玩伴，和他们一起玩耍、吵架什么的，印象里都没有。在家里，我总被特殊对待，假如只有一个点心，我说想吃，大家就说，好吧，给你吧……总是这样。妈妈的缺席，反而让我得到了更多溺爱。"

精神科医生说，这样的成长轨迹，可以折射出菊江后来的心理问题。

"女孩子大多通过父亲来构建男性形象，但菊江的父亲爱喝酒,又对母亲动粗,造成菊江对他有抵触情绪,认为父亲是'自私的、不讲道理的渣男',这让她后来选择伴侣时,倾向于找和父亲截然不同的类型。父亲没能给到她的,她希望在这个男性身上得到。也就是说,丈夫成了'父亲的替代'。"

菊江夫妇之间就是这样,父女关系取代了男女关系。菊江自小在溺爱里长大,独立性很差,这也延续到了和丈夫的关系里,在丈夫的"保护伞"下,开始了新的人生。但是,人不能一直被动地活着。在菊江内心深处,"无法离开丈夫的自己"和"想要离开丈夫的自己",渐渐形成了激烈冲突。

戴着面具假装幸福

二十三岁那年,菊江和丈夫结了婚。从私立女子商业学校毕业后,她作为新员工入职银行,那刚好是她丈夫工作的公司。

"当时哥哥姐姐们都已经成家,妈妈也从外面回来了,我和父母三个人生活在一起。但我的原生家庭,从来没有一家人的温馨,我早就想离开了。当时有点急着嫁出去,哪怕对方并不是我的理想类型。"菊江笑着说。

她丈夫是家里的长子,全家人在战争期间去了伪满地区(现在中国的东北地区),回到日本后,他几经努力才从大学毕业。他入职时已经二十五岁,和公司传统的新人直升路径大为不同。当时是昭和二十年代(1945—1954年),日本经济一片惨淡,所以到现在,他还时不时"梦到被入职考试淘汰"。没办法,这就是昭和第一代人吃过的苦头。

婚后，两人有时候像父女，有时又像是朋友，但在别人眼里，绝对是幸福的一对。菊江自己也表现得很幸福，经常叫上朋友来家里聚餐，还一起打麻将，这也是丈夫教她的。有时，丈夫在外应酬喝多了，把同事下属都叫到家里来，菊江也不怒，跑前跑后地准备下酒菜，热情接待，和大家打成一片，又喝又闹。任谁都会夸她是位好太太，会和人相处。

但只有菊江自己，听到了内心发出的声音——我会不会只是在演"幸福的戏"？这种声音，是什么时候开始出现的呢？

"就是大家在家里闹的时候。其实我心里一点也不开心，也觉得没有意思，但还是要配合，装成懂事的太太。这种表里不一，渐渐成了我的心病。"

而正是丈夫让菊江意识到这种反差。对这位时而是父亲，时而是朋友的伴侣，菊江发现了两人之间的问题。

"我先生这个人，说好听一点，就是精神健康，他不太想复杂的事情，觉得差不多就行了，人生应该多多享受。而我刚好相反，遇到什么事情，都要花时间搞个一清二楚。每次有矛盾，他调整得很快，可以马上岔开话题，呼呼就睡着了。我却放不下，甚至想把他给叫醒，争个清楚明白……如果说懂得女性的苦恼、会操心也算是种美德的话，那他简直就是毫不体贴的男人，完全无法理解女性思维。渐渐地，我有种唱独角戏的感觉……"

菊江内心的情绪变化，像酒精发酵一样，在慢慢酝酿，但丈夫没有发现这一点。甚至，连菊江自己也选择沉默，并不想表露出这种不满，只是继续扮演着好太太的角色。

"有时，我俩出去看电影，很想和他深入探讨一下，但又担心，他工作这么忙，我说多了他会很烦吧，肯定觉得我很吵。我才不愿意招人烦，不如简单一点，把自己打扮得漂漂亮亮的就行了，我先生肯定也喜欢这种女性……我就这样给真实的自己戴上了面具，把自己嵌入他希望的样子里。哪怕以后脸蛋没那么可爱了，至少要性格可爱，才不会被嫌弃……为了做这种惹人怜爱的女人，我扼杀了自己的本性……"

一年又一年，丈夫在职场上步步高升，但工作也越来越忙，常常连着好多天深夜才回家，不是有应酬的饭局，就是在打麻将，周末也要陪客户打高尔夫球。菊江好不容易盼来的休息日，经常化为泡影。

"你别等我了，自己先吃吧。"

每次接到丈夫的电话，差不多都是这句话。菊江只能独自一人，坐在餐桌旁，机械地往嘴里送东西，食不知味。菊江说着，眼泪就流了下来。

漫无止境地等待丈夫

会交际，深受丈夫的同事和手下好评，扮演着看起来很幸福的太太……然而，真实情况并非如此，她只是不想辜负丈夫的期待，一直勉强自己……

真实的自己，戴着假面的自己，互相交织着，痛苦地折磨着菊江的内心，雪上加霜的是，没孩子这事，更让她深深内疚。

"丈夫是家里的长子，而我却生不了孩子，公婆有意见也是正常。而且，我是怀孕后流产，当然，我也没觉得是丈夫的错。可是流产后，我婆婆没有跟我说过一句鼓励安慰的话，'注意身体啊'、

'下次加油'之类的都没有,这让我很难受。她只给我寄来一封信,问,'你是不是有什么问题?'说得好像我有缺陷一样。"

菊江自己本来已经缓过来一些,虽然孩子没了,那也没办法,不全是自己的错……但被婆婆这么一说,又陷入了自卑中,觉得自己是个"不能生孩子的失职妻子"。

"但我从没说过婆婆的半句不是,一是不想破坏婆媳关系,二是听到别人说自己父母不好,我丈夫肯定也不好受……只要我和丈夫的关系不受影响就行了,就这么想的。况且,比起惩罚别人,压抑自己更容易一些,就这样忍了下去,虽然这不是我的本意。"

勉强自己,最后,全部积累成内心压力。

菊江读的是女子商业学校,校风特别传统,教育方针也倾向于培养贤妻良母型的女性,比如女孩子要擅长打算盘,嫁人后要相夫教子……虽然菊江自己很反感,但她的父母和亲人都是明治时代的人,在长崎土生土长,骨子里继承了这种老传统。

"没孩子让我很内疚,有些话想和婆婆说,却总开不了口,也许我内心还是被传统的价值观深深束缚着吧,再加上我不停地把自己框入'好妻子应该怎样'之类设定好的模子里。但真实的我,很想从那里逃离……这种对立使压力越来越大。"

菊江的内心变化,如果能倾诉给丈夫,也许事态会完全不同。不过,即便妻子这么做了,丈夫也不一定能很好地处理吧。世上有几个丈夫能发现妻子细微的心理变化,又愿意静下心认真倾听,想要去帮助她呢?男人总觉得"女人的话无足轻重,都是琐碎的小事",整天陷在利益至上的工作里,生生扼杀了女人的表达欲望。菊江的情况则更为严重,自从丈夫升职后,两个人连说话的时间都没了。

"今天会早点回来吗?"

"这个我要去了公司才知道啊。"

这个阶段,两人还有些情感交流,之后没多久,连这种交流也荡然无存了。

"他早上出门上班前有几分钟时间,两个人可以面对面说上话。等他晚上回到家,倒头就睡。生活里的琐事,做妻子的也想和老公分享,比如隔壁家的三花猫如何……这些日常,都想晚上和他说说,一直等他回家。结果怎么等都等不回来,只好再等星期天,谁知道又有其他事情……其实,说什么并不重要,只是想和丈夫聊聊天……日积月累,情绪积压起来,最后终于忍不了了。"

菊江的丈夫从分行次长升到行长时,还不到五十岁。这个职位,对银行从业者来说,正是如鱼得水的阶段。不过,这也是他一步步踏实努力的结果。

"我和我丈夫,就像坐了两个不同的升降电梯,他一直向上,而我一直向下,就这样错开了……"

菊江这样描述着自己的婚姻状态。她心底涌起的寂寞,无人知晓,只有无边无际的空虚做伴。

丈夫的职场异常残酷

内心崩溃,却无法和丈夫沟通,只能压抑自己,在煎熬的边缘,孤独地等待丈夫回家……这样的日子,让菊江的压力逐渐膨胀。

负责治疗菊江酒精依赖症的医生说:

"如果她本来就是没什么追求、小鸟依人型的女性，愿意依靠丈夫生活，也许压力还没这么大。可是她内心情感很丰富，又没有机会表露，只能封闭自己，'一味地等待'丈夫回家，这种被动的人生，最后压垮了她。"

菊江在浑浑噩噩的日子里，不禁思考，自己究竟为了什么而活，难道要注定过没有意义的人生吗……沉迷于威士忌，就是从那个时候开始的。

"酒精进入身体的一瞬间，我一下子忘掉了所有烦恼，那些破事情，随便吧！这种感觉太虚幻，也太诱惑了，我真的好想得到解脱，所以第二天也喝，日复一日……"

当菊江陷入这样的状态时，丈夫竟然不闻不问，只顾着在公司忙前忙后。可是，究竟在忙些什么呢？

在银行业，总行会给分行下达销售指标，在此基础上，分行行长会提交预计完成的目标。往往到最后几天，大家就得拼命赶业绩。不过即便达成，竞争也没有结束。每个分行行长的业绩，都会被录入总行的电脑系统。这个系统，就像令人难以喘息的残酷世界，无情的评价无处不在。悲剧，也就这样发生了。

有一桩发生在中部地区 A 市分行的惨案。

十二月初的一天，下午三点多，营业课的女职员（二十六岁）要去四楼的物品保管室拿文件，就找总务课长拿钥匙，但钥匙怎么也找不到，只好找来万能钥匙，正准备打开铁栏大门时，却发现钥匙孔里插着一把。

"好奇怪啊，这是谁呀……"女职员觉得有些诡异，朝屋子里看了看，没发现什么，走了进去，结果却看到了眼前一幕。

"快来人啊！课长他……"

正在上班的男职员们听到惨叫，急忙飞奔过来。物品保管室里，两排并列的铁书架尽头，营业课的B课长上吊自杀了。

铁架最上面，挂着课长的皮带，他的脚下，有一张八十厘米高的台子。立案警察说，他应该是踩着这个上吊的。

"等我们赶到时，已经没气儿了。我们在地板上铺了被子，把他的尸体放平，他身上还整整齐齐地穿着西装，系着领带。据说那件西装，他有三套一模一样的。鞋也穿得好好的。穿戴这么齐整去自杀，真是罕见。不过也看得出，是个认真到头的人……"

同事说，当天B课长像往常一样，早上八点四十分来上班。听部下汇报了工作，又下达了指示后便回到自己的办公座位上。

"B课长最近一直精神不太好，那天也是，看他回到自己的位子时，若有所思，无精打采的样子。"

银行三楼是员工食堂，他中午在那儿吃过午饭，有人看到他三点左右还在自己的座位上，没想到之后……

这位课长，毕业于国立大学，通过了国家公务员的最高级别考试，进入银行业，今年才四十三岁。这背后，究竟发生了什么——

憧憬孤岛生活

我去见了B课长的直属上司，一位典型的金融精英，举止得体，说话滴水不漏，从始至终没有失态。

据说，这家银行有个不成文的规定，直属上司和下属之间，每年有一次面对面交谈，沟通今后的计划、未来的职业打算，乃至个人的烦恼。不知道B课长走上绝路之前，有没有说过些什么呢？

"和他谈的时候,他说过,晋升速度太慢,还因为这个而抑郁。我当时鼓励他,你做得不错,拿出点自信来……"

B课长是昭和三十五年(1960)进的这家银行,同期入职者中有一半人以上都升到了分行次长以上的职位。和他同在A市分行的一个次长,原本是在他之后调来,还是他大学的学弟,后来却成了他的上司。这几乎意味着晋升通道被堵死了,他自己也一清二楚。但奇怪的是,为什么他得不到晋升呢?

"他太认真了,认真到钻牛角尖,自我要求也高,但业务上总是出差错……"

比如说吸收储户存款,这是银行员工最基础,也是最核心的业务。在上司眼里,他确实做得很认真,但总达不到预期效果,哪怕叮嘱再三。

"最后往往需要我们老板亲自去客户那里,才能搞定事情。虽说前期是他打好了基础,但还是挺受打击的,他总怀疑自己能力不行,不适合做这一行……"

当上课长后,他负责起草项目计划,然后交给次长、分行长过目,但经常出现无法按期上交的情况。

"尤其是这次,他拖到最后也没交……我就跟他说,哪怕没写好也要交上来,否则工作都开展不了。可他怎么想的,他非得准确考量过经济环境,才能动笔写,而且还总不肯顺着上头的意思做出乐观预期。这家伙还说,不想写敷衍了事的东西,自己每天也苦恼得不行。"

B课长的前一个工作地点是千叶县的C市分行,我也去见了他当时的上司。听说他在C分行的时候,经常和这位上司一起打高尔夫球。

B课长在这里做贷款业务时，曾发生过一件事情。他的一个下属，在融资的合同上写错了金额数字，导致银行在法庭判决上遭受了经济损失，这自然和课长脱不了干系。

"那件事情有了定论后，我们银行在内部发了全国通告，说'今后要万分谨慎，不要再犯此类失误'，虽然隐去了分行的名字，也不是他的直接过错，但造成的精神打击可想而知。"

就在B课长自杀前两个月，同事也看出他的状态不好，就很少叫他一起出去喝酒。但有天晚上，上司很罕见地叫了他，他便和其他同事一起去了家挂着红灯笼的小酒馆。

有个年轻下属坐在他旁边，清楚地记得课长喝多了酒，贴到他耳边，声音含含糊糊地，突然冒出来一句：

"工作太没意思了，真想上吊自杀啊，我活不久了……"

"不是吧，课长……别吓我啊……"下属年龄小，也判断不出这句话中有几分玩笑、几分认真。另一个上司回忆起来说："他那时候还说，'好向往《鲁滨孙漂流记》里的那种生活啊，真想去南海的孤岛上过日子'之类的。我还回应他，一样，都一样，我也想离开这个规矩多的社会，偶尔贴近大自然，去孤岛什么的也不错……"

直到那天早上，他上班前还和妻子交谈了几句。

"今天不想上班了……"

"那，就请假在家休息吧……"

"哎，不行……工作还没做完……"

她没想到，四十三岁的丈夫竟就此赴死而去。

全勤的结局却是自我毁灭

悲剧发生后,银行方面才得知,B课长之前一直在精神科诊所看病。他担心被公司的人知道后,大家会把他当病人看待,影响晋升,对自己更加不利,所以拼命隐瞒。他的主治医师说,分行里好像确实没有人知道这件事。

"他第一次来,是自杀前十个月左右,当时已经确诊为重度抑郁,我建议他最好休假疗养。他总说事情太多,休息不了。作为医生,对他的离去,我感到很遗憾。"

读大学时,B课长组织过一个慈善团体,叫"一日一善会",还帮忙清扫校园。他是个憨厚老实的人。银行的出勤记录上也可以看到,直到去世,他都没有缺勤过一天。不夸张地说,是工作毁灭了他。

课长去世后,银行的工作人员立即去慰问了他的父母,我听他们说了以下这样的话——

课长老家在九州南部的一个海边小镇。从市中心往南走,冷冻仓库和木材市场围着新建的港湾设施连成一排。面朝着宽阔的海滨路,有一家小卖部夹杂在蔬菜店和水果店中间,那里是课长的父母家。几个同事去的时候,看到店门口有位七十多岁的老妇人,围着围裙,正在收拾空箱子,摆放蔬菜。看年纪,推测是课长的母亲。

"联系老父亲的时候,他非常怨恨我们,一直说:'我儿子那么优秀,连国家公务员考试都能通过,是你们银行不会用人!要是给我儿子安排更合适的职位,他肯定不会落到今天这个地步,也更能发挥能力呀！'"

年迈的父母怎么也想不明白，自己儿子怎么能狠心抛下妻儿，先走一步。这得是多痛苦啊！一想到儿子的痛苦，他们就难过得不行。

同事们胆战心惊，鼓起勇气打了招呼。老妇人果然是课长的母亲。她一个眼神望过来，大家都不敢出声，之后她转过头，继续做着手上的事情。

"我什么都不想说了。活到这个岁数，我从没有这么伤心欲绝。你们银行的人也打过电话了，说什么你们会继续努力，连我儿子的那一份一起，请他的老母亲也不要被打倒，也要继续努力……我和老头子，我们都不想再提那件事了，请你们回去吧。"

说着，老妇人掀起围裙一角，擦了擦眼睛，转身走进了店里。

在这个小镇的西边，有座小山丘，附近有一片新兴住宅区，都是崭新的独栋建筑。B课长的夫人就住在其中一栋中。门框上还挂着她先生的铭牌。同事们敲了两三下门，引得狗大声狂叫，她才稍微打开玄关旁的玻璃窗。

"请问您是……有什么事情吗？"她轻声问着。

同事们回应了一句，但狗叫得太凶了，她听不到说什么，轻轻拨开额头上的头发，才看清楚一些她的面容。听清来意后，她立即说，"我没什么好讲的"，声音虽小，但非常冰冷，转而迅速关上了窗。

就在这一事件发生的同时，中部地区的一家分行，也出了不得了的事情。

那是十二月末的一个星期一，严寒冬日，大雪纷飞，地上积了厚厚的雪。分行的D次长一般都来得很早，坐在一楼靠近金库的位子。但那天到了营业时间，他也没来。次长之前在东京工作，这次单身赴任，住在分行旁边的公寓。他每个月有一两次回东京过周末，有临时情况的话，都会打电话过来，然而那天并没有电话。

下属打电话去他公寓，也没有人接。他本是个很谨慎的人，所以总让人觉得事情不太对劲……那天，一直到营业时间结束，也没有他的消息。

第二天早上，行长收到了一封信。

走投无路的五十岁

给行长寄信的，正是前一天消失的D次长。

> 一个五十岁的男人，就这样不辞而别，我感到万分抱歉。但我真的不知道该怎么办。那件事，我已经尽了全力……再次深表歉意。

信上写了这些，还零零碎碎地交代了一些事情，他负责保管的物件、钥匙之类的，都留在了银行，不小心带走了几张的士票，但已经撕毁作废。最后还写道：

> 我在这里正式提出辞职，还请多多包涵。

信封里还一起装着辞职信、身份证、职员徽章，邮戳显示寄出地是名古屋。

行长大吃一惊,赶紧检查次长的桌子,抽屉收拾得整整齐齐的。又给他东京的家里打了电话,他夫人说也陆续收到了六七封信,信中写着,虽然因为工作的事情被行长骂过,但绝不是行长所说的那样。但是,一切都事与愿违,有生以来,他第一次想到了死,虽然事情可能没有这么严重……

信上还这么写:

> 我眼泪控制不住地流下来,我没有勇气继续写下去了。事到如今,我心里只想死给你们看,让你们后悔一辈子。虽然我放不下孩子,房子也没还完贷款,我也只能希望他们好好活下去了。我要一个人,去遥远的地方,孤独终老,拜托你们不要找我。

行长看得一头雾水,这是什么意思?玩失踪?

次长夫人也从东京赶来,在公寓里见到了行长,说:"我真没想到,他一个人生活还收拾得这么井井有条,看来他状态真的不好。这些旧报纸,堆放得分厘不差,好像用尺子量过一样。"

桌子上有个笔记本,里面记着NHK养生节目的解说,其中有关于胃肠病的内容写得密密麻麻,字迹却极为规整。但无论怎么找,都没找出来蛛丝马迹。

夫人那天报了警,申请搜查失踪人口,之后一直等待着丈夫的消息。但直到过完新年,也没有线索。

行踪不明的D次长也毕业于国立大学,当年五十岁。

"他在我们总部的监察部门做了很久,是从分行营业厅岗位调过去的。工作环境发生了巨大变化,会不会因此造成了他的心力交痒？不过，他是个喜怒不形于色的人，表面上一点都看不出他的内心波动。"

行长这么说道。信里提到的"那件事"，还有"被骂"，是指前不久，银行因为占地界线的问题，和旁边的业主发生了冲突。次长是负责人，非常烦恼，但也不是什么大问题，绝不至于人间蒸发。D次长是不是还有其他什么事情呢？

"对银行的人来说，五十岁，是最焦虑的年纪。"

他的同事如此说道。如今，大多数都市银行、大型银行，都把退休年龄推迟到了六十岁，但实际上，一般五十岁左右，早的甚至四十八九岁，就得接受"调职"命令，在银行的相关企业或是客户的公司安排个差不多的位子，做两年回银行后，没有合适职位，只能让你退休——这几乎成了大家默认的流程。

"可以拒绝调任，但两次就是上限，再推脱就只能降职，发配到鸟不拉屎的地方，或者干脆做'窗边族'，基本上相当于处分。说什么'银行不会倒闭'，那都是过去的神话，如今，竞争太激烈了。元老级也差不多是时候退场了，怎么减少人员支出，特别是中老年员工的支出是个大问题。"

D次长大概就是被这种冰冷的现实击倒了。

失踪一个月后，银行方面尊重他的辞职意愿，向其夫人支付了一笔退职金。而原因不明的次长失踪事件，也渐渐被大家淡忘了。直到六个月后，他突然出现——

与女职员的私奔

东京某区，夜晚。从私铁站出来，穿过商业街走十二三分钟，可以看到一片外形相似的独栋住宅群，D次长的家就坐落在里面的一个角落。此前，他给这个家寄来了令人悲痛的信件后便失去踪影。

半年之间，杳无音信。然而某一天，他又突然回到了这个家里。

抛下工作，离开妻子，来一次说走就走的无目的旅行，唤醒疲惫的身心——这大概是每个上班族都做过的白日梦，但被逼失踪的D次长，绝不是为了追求如此浪漫的梦想。而且，消失后，他又回到了妻子身边，只能说明这个五十岁的男人无处可去。怎么看，都很没面子，他会不会向我和盘托出心里的苦闷呢？

"生还"后，他找了家小公司上班。我到的时候，他还没回家。一直等到了夜里十一点，路上依然人来人往，才看到他抱着便当盒回来。

"你好，我是银行介绍过来的……"

刚开口，他就一下子靠在门边上，不想听我说下去。

"现在不是说这些的时候……很抱歉……我连家人都没有说……没办法帮你这个忙……"

他耷拉着头，关上了玄关窗户，熄了灯。

当然，在银行业，上吊自杀、抛家弃子，走极端之路的人肯定是少数中的少数。但是不是也可以推测，正是因为他们生存的商业空间里气氛太压抑，导致敏感脆弱的人无法承受，才走上不归路？

这种压抑不只存在于菊江丈夫的银行，在日本，随处都可见被压得喘不过气的男人。就这一事件，我试着问过一个中年银行职员，他在另一家颇具实力的都市银行上班。

"其实银行都会把这些丑闻压下去，连内部员工都不知道实情。但就我所知……"他说着，列举了这两三年发生的悲剧，自杀、失踪，还有猝死，甚至还有被标榜为"战死"的。

他们位于大阪商业区的一家分行，之前发生过自杀事件。一个三十多岁的员工，因为苦恼"对自己没信心，觉得以后也难晋升"，竟然就在单身宿舍上吊了，还是个国立大学的精英。

东京南部的分行，一个四十多岁的课长和手下一名女员工一起失踪了。银行方面立即做了处分，开除了私奔的两人。

市中心繁华区的分行，一个三十多岁的已婚男职员，也和女职员一起失踪了。据说，他平时总抱怨"觉得工作没希望"。

东京都国电站的分行，一个四十多岁的课长代理猝死。同事说是过劳死。

同样是东京都内，私铁站前的分行，一个课长直接在公司猝死。据说去世的前一天，他还奋战在工作一线，是业内出了名的工作狂。

去见菊江的丈夫北见荣一之前，我听人这样讲：

"他啊，是个随和的人，平时很活泼，性格开朗。女人们都说，菊江的丈夫啊，真是个好男人。在家里，他还自己腌泡菜，自己擀饺子皮，做饭比他太太还好。"

是不是真像传言说的这么好，我决定去见这位分行长求证。他刚从外地开会出差回来，很快就给了我回复。据他说，和自己同期入职的有一百人，如今还在银行业的，估计只有二十人了。有的离职，有的被调任，也有人自杀。剩下的人里，做到总行部长，或者分行长以上级别的，只有七个人。可以说，北见是一百人里胜出的七人之一。

"不过呢，现在回过头来看……"

说到菊江突然陷入酒精依赖症，这位分行长，和我聊起了"丈夫的理由"。

工作狂的理由

北见荣一进入管理层，荣升分行次长，是在昭和四十五年（1970）。那是经济快速发展的年代，大阪举办了世博会，每个人都在追逐着自己的梦想。北见当时刚四十岁出头，是最能干的年纪，又在公司里有了些地位，帮银行做企业融资，没有理由不拼尽全力。

"现在回过头看，我们年轻时那股拼命三郎的劲头，真的像傻瓜一样。但工作真的很开心啊，没办法。"

当时，北见是贷款部的次长，接手了一个协助融资的项目，是帮某大型造船公司旗下的承包企业贷款盖工业区。

那个年代，日本的造船业有很多国外订单，每日马力全开。不过，一旦大型造船厂的零配件跟不上，就会影响生产进程，造成巨大损失。所以，如何快速提供资材，成了形势所逼、亟待解决的课题。

原本，这些承包工厂分散在造船厂周边，但现在，必须将这些工厂集中在一个地方，造一个全新的工业区。

"当时，我们和各个承包企业的老板一起，开学习会，去其他工业区参观。看起来我们只负责融资，但其实从计划到完工，全程都有参与。竣工时，那种大功告成的成就感，到现在都忘不了。"

北见说，和手下一同经历了这些工作的艰难险阻，到最后看到完工的巨大船舶时，不禁想起自己为此而奋斗的岁月。看到船，就感觉自己也有一份功劳……

他说，如此醉心于金融业的工作，就是因为完成项目时的喜悦，太有魔力。

不仅如此，这个工作还有另一个魔力，让人非常享受……那就是男人间的友情，一起经历了人生百态的交情。

"我们和中小企业的社长、专务，都有很深的交往，可以说是男人的感情吧。即便现在，我出差去某个城市，一到车站就会给他们打电话，他们二话不说，立即就会赶来……这种人与人之间的真诚，也是我觉得工作有意思的原因啊……"

北见说他有一个交心的朋友，就是在负责工业区的时候认识的。当时，朋友还只是造船公司的中层，现在已经做到了大企业的高管。

"到现在见面，他还总说，要不是你和我一起干，我也到不了现在的位子……喝酒啊，打高尔夫球啊，一通电话，我们排除万难也要赴约，就是这样的交情……所以，什么妻子已经在家做好了饭等我之类的，我们真说不出口，也不觉得是个太大的事儿。"

当菊江内心掀起万丈波澜的时候，丈夫正疯狂地工作着，甚至高声讴歌着人生价值，难怪就没有关注妻子了。

"一早出门，一直到晚上，不知道几点才能到家，做了晚饭也不吃，几乎天天如此。这样肯定会生气吧。内人也和我吵过，说

'家里不是旅馆！'我嫌麻烦，连架都懒得吵，她就更生气了，啰啰唆唆说个不停，骂着骂着累了，就喝威士忌，喝多了就睡。我这才舒一口气。当时就是这么过的。"

菊江对酒精越来越依赖的时候，她的丈夫北见却在职场上春风得意，从分行的次长升为行长。

北见回顾自己做行长的那段时光时如此说："在漫长的银行生涯中，我的能力终于得到了认可，这也成为以后的资本，很有意义。"

然而，同一时期，菊江却如入牢笼，被无边无际的孤独包围着。

我的人生，究竟是什么？

完成组织分配的任务，获得人生价值，沉醉于同甘共苦的男人友情中，为公司奉献自己的人生——如果说，这是成功人士的话，那菊江的丈夫北见荣一一定算一个。

然而，对于属于企业人种的丈夫来说，他所爱的对象，却不是妻子。他更关心的是工作，是他背负着责任感的工作。对其他事情，他并无兴趣。丈夫与妻子之间的距离，渐行渐远，直到丈夫眼里已看不见妻子的存在。荣一和菊江的关系走到这一步时，那个名为"酒精依赖症"的精神疾病，就像突然大响的警报声，在菊江体内达到顶点，不断摧毁着她的身心。

后来，菊江的症状日趋严重，甚至出现了幻听和幻觉。而今，经过疗养，她终于摆脱了这一切。对于曾经让她麻痹的酒精，现在也完全断念。清醒时分,她才重新看清楚她与丈夫之间的状况。

"他啊,是个不会、也不愿深入思考的人。"

菊江这么评价她丈夫,"人应该怎么活着"、"什么才是真正的幸福",这种问题,他不会想太多,也不会为此而烦恼。

"如果总是为这些问题烦扰的话,就不可能在社会上打拼,还成功了吧……这样一想,其实男人也挺可怜的……"

菊江清醒地看到了丈夫在社会上的生存方式,另一方面,也同样犀利地向内看透了自己。

"其实我最近在想,虽然我表面不屑于做那种在意老公职位,乐此不疲地给老公做好后勤工作的好太太,但实际上,我也是和他并肩战斗的企业战士……"

这句话另有深意。荣一在家里时,很少提起工作上的事情,甚至可以说是只字不提。但哪天在和上司、手下的交往中遇到了不顺,他偶尔也会抱怨一下。那时,菊江是怎么安慰丈夫的呢?

"'这样子啊,但也只能忍一下了,这么辛苦也是没办法啊……'以前,我都会这么说。但其实,那不是鼓励,也不是安慰,是我打从心底在意他在公司的地位而已。我很清楚,我的幸福生活和他的稳定联系在一起。我表面上说得很识大体,其实不过希望他可以继续像个战士,在企业里披荆斩棘。我到现在才明白,我也和他一样,身处战争当中……"

菊江就这样总结了一番"夫妻为共犯"的理论。但现在,她似乎对丈夫多了些温存。

"我不会再对他说加油啊、忍一下啊之类的。他的缄口不言,让我也一样承受着压力,所以我选择对他沉默。如果我去理解他的感受,跟着他一起抱怨,'这真的太讨厌了'、'天啊,那家伙居然这么说'之类的,他的心情,也会在我这里得到宽慰。我如今才明白这一点,可惜,有点太晚了……"

菊江说着,无奈地笑起来。

荣一终于到了退休年龄。在如此漫长的年月中,菊江一个人承受了难以想象的巨大空虚,独自表演着无言剧。在这个剧里,她自导自演,思考着人生问题。

——我总是依赖着老公,等他回家,被他的生活节奏左右,靠缥缈的期待过着这一生。我到底为了什么而活,我仅有一次的宝贵人生,竟然就这么走到了尾声……

一直如此自问,却始终找不到答案,只能如暗夜行路一般,不知不觉陷入了凄惨的人生泥潭。只有在喝醉了、沉沉睡去的时刻,才能感到心安。还好,菊江终于走出了人生的迷宫。

"我和老公一起生活了二十六年,但经历了这么多,我们彼此之间还是会说,'做了夫妻很多年,好像还是不太了解对方吧'……"

这对舞台上的夫妻,如今,终于开始面对面相互诉说着什么了……

― 主妇布鲁斯 ―

"倦怠期"的男人们

　　明明是市中心的商业街,却有着宛如金属空间一样的冷漠感。鳞次栉比的摩天大楼,钢筋水泥、玻璃窗,映照出的全是对面大厦,影像又反射回去,像镜子一样。抬头望去,眼里看到的尽是白色、银色、黑色构成的几何图案,没有终点,一直延伸到天际。

　　大型综合商社A社就在这附近。每天早上,自动玻璃门打开,上班的白领们站在大门外,把贴着照片的公司卡递给保安。保安身穿制服,头戴制帽,逐一检查、放行。人群如水流般朝前涌动,但宽敞的大厅中几乎没有说话的声音,安静得有点恐怖。

　　我走到一楼电梯的后面,看到透明玻璃外有一个精致的庭园。明亮的冬日暖阳,洒落在天然植物上。这场景,与周围无机质的建筑物显得格格不入。

　　据说A社在日本有九家公司,一万多名员工,年营业额以万亿日元计算,在全球遍布着一百多家海外分公司。毫不夸张地说,巨型企业A社绝对是日本商业的代表企业之一。

　　我在大厅的咖啡角见到了某部门的B室长。他个子很高,衣着笔挺,透着精英人士的干练。和他面对面坐下后,我瞥见他沉稳的眼神里流露出中年人才有的人生巅峰之感。我当时想在A社里找一位有代表性的高级白领，了解他们的生活和心态，于是问他能不能配合。

"我是伴随经济腾飞成长的那代人，但这几年，比我们稍年长的那一代最关心的事情不是工作，而是养老。"

在这座雄伟的商业城堡里，突然听到他这样的发言，我有些困惑。

"好时代已经过去了，每个季度的营业额、利润都噌噌往上涨的好时代已经过去了。第一次石油危机的时候，还能吃些老本，公司气氛也还活跃，那都是托经济成长神话的福。但一九五三年的第二次石油危机之后，低速增长成了日本的常态，我们也慢慢地接受了这样的现实。"

在B室长看来，在商场上摸清的现实，也一点点改变着白领们的生活状态。

"只要认认真真干活就足够维持体面的生活，但要再让我额外努力一些，我可不想逞这个能。现在又不像以前，社长和新人之间的工资差好几百倍。反正上流社会的情况，我也差不多知道是什么样子的……我身边的人，大家基本上都是这个想法。"

产生"倦怠感"的另一个理由是，"没有多余职位"，这对白领来说是很残酷的现实。比如在A社，只要工龄达到十年，就自动升任课长代理职位。但再想往上升，就不是人人皆可了。尤其是在日本经济的高速成长时期，昭和三十六年到四十年（1961—1965）间，每年招进来两三百名新员工，但职位有限，竞争之激烈可想而知。

"反正也当不了老板，不如轻松点……我们差不多都是这个态度。说是这样说,但也不可能辞职,虽然有提前退休的福利政策,还是没人愿意在四十八岁到五十一岁这个阶段辞职。一眼望到头的生活,安安稳稳,挺好的,稳定嘛。"

感觉整个公司里弥漫的都是这种气息,像温水煮青蛙,要让这帮人打起精神简直难上加难,估计上司们也头疼得不行。

"也没有那么夸张啦,只是形成了惯性。大家表面上还是和以前一样,努力地工作,但不是以前那种拼尽全力的感觉,偶尔会停下来,想想退休后的生活呀,老龄化社会里自己要怎么办啊,之类的……"波磨子告诉我。

她的先生叫三村浩司,在这家超级商社的东京总部做部长,之前在纽约驻外工作过一段时间。

我和波磨子约在她入住的精神病院里见面,位于房总半岛[①]的一个小村落里。那时,她刚治好酒精依赖症,身穿黑色喇叭裤搭配白色外套,出现在我面前。她涂的口红颜色很鲜艳,戴的眼镜是镶有金边的方形款式。虽说她的实际年龄有四十七岁,但看起来很显年轻。

优雅外派职员太太的背后

"我先生的社会地位比较高,如果因为我的事情给他造成了影响就不太好。这一点,还务必请您……"

---

① 房总半岛:位于日本本州半岛深入太平洋130公里的地方,西面是东京湾,属于千叶县。

我不确定她是因为虚荣心太强，还是太爱丈夫，总之她对自己身为酒精依赖症患者并入院治疗这件事很警惕，怕被外界知道，甚至在答应接受采访之前，还特意叮嘱了我一番。

不过，之后我通过和其他病人，还有护士们的沟通，了解到波磨子确实是很要面子的人，在女性患者中，她算是爱出风头的。

"通常，住院的女性患者很少穿裙摆长的衣服，最多为了防寒保暖穿个半身裙，但这位太太总爱穿超长的裙子，一直拖到脚踝那里，还搭配精致的披肩，带花纹的那种……搞得其他患者忍不住多想，'她就是故意想凸显和我们不一样吧'。"

但我认为，她不完全是虚荣心强的问题。其实跟着老公在纽约居住的那段时间，她的精神状态就已经相当萎靡。

在纽约的时候，波磨子的先生在最繁华的商业街——曼哈顿的摩天大楼里上班。那一带四五十层楼高的楼宇随处可见，和东京的丸之内①相比，有过之而无不及。他们住在郊区，搭快速大巴上班也就三十分钟左右。

我问过有经验的人，他们告诉我，像波磨子这种外派职员的妻子，其实能给先生起到很重要的作用，要从侧面支持男人们的工作。其中一项就是在周末晚上邀请外国客户夫妻同行到自己家里开派对，每个月至少有一次，不少人甚至一周一次。

"如果是会说场面话，擅长社交的夫人就还好，但日本人普遍不太擅长，想必她们的心理负担很大。因为语言障碍，也发生过不幸的事情……"

---

① 丸之内：指从日本东京皇宫外苑到东京车站之间的区域，是东京有名的商业街和商务办公聚集地。

这里说的是一个快四十岁的外派职员妻子的事。她丈夫先去了纽约,半年后她带着年幼的女儿跟了过去。她外语不好,加上本来也不爱社交,后来就不爱出门了。

但使她备受打击的是,她后来得知丈夫在外面有一个关系亲密的白人女朋友,从此两个人争吵不断,她也身心俱疲,悲剧不可避免地发生了。听说有一天,她没控制住情绪,把女儿从公寓的阳台上直接扔了下去……

一般来说,陷入酒精依赖症,需要入院治疗的女性,多是因为内心深处有别人看不到的阴暗面。森山与志江是这家医院的治疗师,在和患者长期接触的过程中,她一点点摸清了她们的内心回路。刚开始时可能很难,但通过自然的日常沟通,便慢慢会掌握规律,就好像走山路,刚开始一步一个脚印,后面就能朝着下山的方向一路冲下去。

波磨子的情况也是如此,最初,无论与志江怎么尝试打开她的心扉,都不行。治疗了一段时间后,到现在,她至少能对与志江说心里话了。

"外派到纽约的职员太太们,基本上分成了两派。一派是天生的'白富美',无论家庭出身、学历、语言能力,还是教养,都无可挑剔。另一派是丑小鸭变白天鹅,内心多少带着自卑。波磨子属于后一派。但即便如此,那也是她努力了再努力,才能到达的阶层。我倒是相当理解她的这种痛苦。在外面,她拼命逞强,但在亲近的人面前,她又想极力掩盖……这种自相矛盾,恰恰是女性最后沉迷于酒精的原因……"

波磨子看起来如此爱慕虚荣,她内心的密室中,到底隐藏了什么呢?

"魔鬼"六点钟

在这间医院的女性患者里,波磨子因衣服多而被大家津津乐道。

"她来的时候,带了很多漂亮衣服,也经常穿,其他患者一夸,你这件衣服好好看啊……她就有点小炫耀地说,啊,这件啊,我在纽约的时候买的,家里还有好几件一样的款,只是颜色不一样……大家就觉得有些自讨没趣。"与志江苦笑着说。

为了让波磨子融入这个群体,与志江花了不少心思,但大家不买账,觉得波磨子"盛气凌人"。虽然有点无奈,但这也是事实。

"您简直就像女演员……"

当别人这么夸的时候,波磨子就会开心得止不住笑意。

接手过多例女性酒精依赖症患者的精神科医生说,这些女性有个共同点,就是她们给自己描绘了"我应该成为的样子",但现实里的自己却是另一个样子,两个画像之间有着巨大差异。如果无法填补,她们就会陷入苦恼,为了忘记这个苦恼,就只好喝酒……

"波磨子是典型的例子。她在纽约的身份是外派职员的太太,但她英语不够好,社交礼仪也没那么面面俱到。这种痛苦,很难向别人启齿。"与志江说。

波磨子的丈夫三村浩司后来对与志江讲,其实在纽约时,他从来没有表达过对波磨子的不满,反而常常觉得她已经做得很好了,但波磨子一直给自己施压,一直勉强自己。

理想和现实之间的鸿沟不断扩大,就容易导致内心的崩溃。但在纽约的那段日子，他们的孩子还小，一个读小学，一个读初中，波磨子每天像打仗一样忙碌，根本没空留意自己的内心压力。

外派第五年的秋天，孩子们要回日本读高中和大学，波磨子带着孩子们先一步回到了日本。

刚回国那半年，因为忙着照顾孩子升学，加上父亲生病住院，她每天都忙得不可开交。功夫不负有心人，孩子没让她失望，考入了理想的学校，老人也平安出院，忙碌总算告一段落。但也刚好是那个时候，波磨子心中积蓄的压力，渐渐流露出来。

"我以前喝一杯啤酒就开始天旋地转。"但不知什么时候起，波磨子竟然开始在每天的晨起咖啡里，一点点加入威士忌或者白兰地，后来直接加到了半杯。

晚半年回国的丈夫，顺利地进入了总公司的核心部门，每天半夜才到家。

"其实，嫁给我先生这二十五年，基本上都是这样，不到深更半夜，他不会回来。他真的是个工作狂，也可能是因为这个原因，我才有今天吧……"

波磨子说，从很早以前开始，一到傍晚，她觉得差不多该下班的时候，家里的电话就响了。

"他总说还有点事情，需要和律师讨论一下，或者刚刚开完会，还有些事情需要处理，等等。一天下来，反而这个时候和我联系最多。但是呢，我也不确定他到底几点能回来，想着，快了吧，快了吧，就一直等啊等，结果等到夜里一两点……日复一日。时间长了我就知道，他一打电话来，就意味着我得等……"

即便如此，波磨子还是会用心准备晚饭，等孩子们先后放学回来。晚饭后，有的去上补习班，有的出去做家教。波磨子本来饭量就小,哪怕自己做的饭,也只吃一小口,甚至到后来,连饭也不吃了……

"孩子们出去读书,不在身边了,家里突然安静下来,等我先生到家,还有五六个小时……这时候,一转头看到隔壁家,灯火通明的,全家人聚在一起,我就觉得真好啊……可一这样想,就觉得自己好孤独。所以晚上六点,对我来说,简直是'魔鬼'一样的时刻……"

二十五年都不管我!

波磨子的家在湘南地区①是屈指可数的高级住宅。她先生的父亲从战争时期起就住在这里,后来房屋损坏了,全部拆掉,卖了一部分土地后用这笔钱盖了一百五十平方米的房子。

房子的占地面积很大,从门口到玄关的那条小路,用天然石块迂回堆了好几圈。如果不是继承了父母的遗产,即便是大公司的高管,也难以靠自己的能力买下如此家宅。

但坐在宽敞的客厅里,波磨子一到晚上六点——她口中的"魔鬼时刻",就焦躁不安。她打开电视,完全没在看,只是倒上一杯威士忌,坐在电视机前。

过了深夜十二点,先生终于到家,此时的波磨子有一丝醉意,说话没那么清楚。但望着眼前这个男人,就算舌头不利索,她也要

---

① 湘南地区:指日本神奈川县相模湾北部的沿海地区,位于东京西南部,包括逗子、镰仓、藤泽、茅崎、平冢五市。

爆发出来，重复着说了无数遍的台词。

"搞什么啊，天天都不管我！二十五年了！二十五年都这样！什么有工作啊，我都听腻了，像你这种不负责任的男人，对我有什么用！天天在干吗啊……"

说来说去都是一样的话，反反复复，抱怨同一件事情。旁人看到简直无法相信，这还是那个优雅的太太吗？完全变了个人。可她在哭诉什么呢？

——想来，结婚后，我基本上为我老公活着。跟在他的后面，躲在他的背后。但其实，只是我跟着他，他却没有回头看看我。一年又一年，先生朝着前方越跑越远……

想到这里，波磨子无限感慨，还是男人好呢，能活出自己的价值……而她只能在一旁痴痴看着。

丈夫在家从不谈工作的事情，做妻子的也能理解。当男人执着于某件事时，女人不用通过其他，一下就能看出来。并不是说根据他一大清早就出门之类的来判断，讲不出什么缘由，反正就是知道。只是，这样下去，她单方面感觉越来越孤单，好像被留在了原地，无能为力。

对方工作努力，工资不断上涨，按理说不应该有抱怨的地方。总是这么负能量，波磨子也觉得过意不去，好像成了丈夫的负担。但反过来想，丈夫好像也是自己的负担吧，她越想越有理，于是这些平日里的怨气，借着酒精的劲儿，一股脑儿都发泄了出来。

如果他在外面拈花惹草，或者沉迷赌博、乱花钱，她说不定还能被逼出来，找到人生方向。可是这个男人对女人、赌博之类的事情，一点兴趣都没有，在花钱上还精打细算。在私生活方面，丈夫简直可以被评为优等生。这反而让波磨子更苦恼。

这位丈夫有时甚至细腻过头。波磨子已算是贤惠，家务基本上都承包了，从来也没有拖沓过，但她先生有过之而无不及，家里的东西有一点不规整，他就会立即收拾，还心细如发……比如，客人们都要进家门了，他还在玄关啰唆，衣撑，快把衣撑拿出来……用这个咖啡杯啊？用那个会更好吧。反正他就是爱操心这些事情……

不过他也是心大的人，无论在哪儿，躺下五分钟、十分钟就肯定能睡着。没心没肺的，不知道应该说他神经大条，还是内心强大……如果不是这样的心态，也很难迎战工作吧。

波磨子好像在自言自语。从她的话语里，我感觉到了她心中所流露出的对先生的强烈依恋。

"就算有孩子，就算靠兴趣爱好、学习技能之类的转移注意力，也都是徒劳。因为除了先生，没有其他人和事能滋润我……就是这样的因果关系。"

被生母抛弃

波磨子无法离开先生，只能依附于他而生活，但他从来不正眼看自己，这引发了她的不满情绪，最后陷入酒精依赖症的深渊。回望自己的成长经历，波磨子觉得，自己之所以变成这样，和出身缺陷有一定的关系。

波磨子的母亲在她五岁的时候，就抛下她和弟弟离家出走了。

"我那时候还小，什么也不懂，但记得爸妈的争吵，一天都没消停。印象里，我对爸爸的意见更大，所以一直认为妈妈离开这个家是走投无路了。我还偷偷想，以后结婚一定不能找爸爸这样的男人,要找一个大气的男人……"

在波磨子读小学五年级的时候,爸爸再婚了。

波磨子和弟弟有了新妈妈,但她极其不待见波磨子。直到后来,波磨子的年龄都超过继母当时的年龄,她终于忍不住问了年迈的继母:

"妈妈,那个时候你为什么要欺负我呢?你是怎么想的呢?"

继母的回答是,看到波磨子的父亲对女儿极其疼爱,就推测他舍不得前妻。这孩子身上有那个女人的影子,所以才这么受宠,她越想越觉得波磨子和丈夫前妻的样子重叠在一起,对波磨子也就越来越怨恨……

但波磨子的内心里也很痛恨父亲,埋怨他和自己妈妈吵架。不过父亲倒是继续宠她,宠到继母都起了嫉妒之心。

父亲再婚后和从前一样,把她照顾得很好,连底裤都给女儿买好。甚至在波磨子进入青春期,开始交男朋友后,他还雷打不动地每晚七点在家附近的车站等女儿回来,接她回家,直到波磨子结婚出嫁。

"不论下雨天,还是下雪天,只要我出门,他一定会来接我。可真的很烦,我在外面玩得也不安心,最后都只能乖乖地准时回家。"

但他为什么要用这样的方式表达对女儿的爱呢?

"有一次父亲曾对我说,说妈妈走之前啊,对他说过一句,'就是讨厌像你这样的人',说完就逃走了——我不太清楚他们之间的事情,但隐约感觉到在爸爸眼里,妈妈是个不检点的女人,而我则继承了这种不检点女子的血脉,所以他很担心我也会有同样的举动,所以对我非常上心。"

生母在她五岁的时候消失，波磨子无从了解妈妈的事情。可能是出于这个原因，我感觉她也不愿意多说。与志江医师为波磨子的治疗花费了不少心血，她从波磨子的先生那里打听到不少事情。

通常，要治疗患有酒精依赖症的病人，离不开她们家人的理解。与志江也是出于这个想法，和波磨子的先生见过几次，了解到一些事情。与志江从对方的语气中感觉到，这个男人对波磨子可怜的出身也倍感同情。

据说，波磨子的生母和父亲结婚时，已经怀了别的男人的孩子。这个孩子，正是波磨子，所以她口口声声叫的"爸爸"，并不是亲生父亲。五岁那年，母亲离开，抛弃了波磨子，选择了和第三个男人私奔。

年幼的波磨子等于是被亲生父母抛弃，和没有血缘关系的父母生活在一起。在这种家庭里长大，极度缺乏爱的温暖，以至于后来，即便做了大型商社高管的太太，过上了奢华的生活，她还是要紧紧抓住谁的手才能安心，就像她小时候的求助一样。

"其实可以说，我寄生于我的先生，自己无法独立生存，天生就是这样……"

妻子的不满和怨恨

"这些陷入酒精依赖症的家庭主妇们，刚开始来这儿的时候，无一例外地，都对自己的先生和家人充满怨气，'为什么把我关在这种鬼地方！'会变得有些不正常。我记得有一位女士气得不行，吼着：'我一辈子也忘不了这个仇，等我回到家，我要煮一锅挂面,全部淋到他头上。'"

与志江对我如此说。在这里,她扮演着女性密友的角色,时刻支援她们。

这些女性一面感激家人送自己来治疗,但另一方面,又把最恶毒的语言,全部泼向了至亲。

她们怨恨的情绪里有个共同点,就是身为"妻子",累积了多年的不满。

波磨子的情况也是这样。

结婚的时候,丈夫的母亲已经过世,姐姐也出嫁了,波磨子成了这家的长媳照顾着丈夫的父亲,还有两个未出嫁的妹妹。

"两个妹妹才让我感觉到自己这个角色存在的意义。先生每天忙于工作,早上出门前,我想和他商量些事情,可他总是用'晚上再说吧,等我晚上回来'来回应我。但我知道,他到家肯定半夜了,没办法,我只好写在纸上,寄信一样递给他,但他醉醺醺地回来后,随手'啪——'就把那封信给扔了……"

波磨子不仅像母亲一样照顾着妹妹们,还要伺候患病的公公。除此之外,妻子该做的事情也都做了,但先生并不放在眼里,矛盾就这样产生了。

"我是个记仇的人,以前的事情都记得一清二楚,吵架的时候,我会说'你那时候不这样吗'、'总是欺负我!'酒劲一上来,我可以把所有旧账都翻出来讲一遍。他也只能沉默忍耐,我也想不到可以讲出来那么多……"

与志江说,这些女病人,会给自己设定"妻子应该这样"的画像,努力把自己嵌入画像里,但人总有情绪波动,不可能与想象的完全融合,于是两者之间产生了差距,像时钟"嘀嗒"一样,总在耳边作祟。

她们因这个不和谐的声音而烦恼，极力想摆脱，又找不到解决办法，就一头扎进酒精的深渊。

"其实，她原本只是需要身边人的肯定，把妹妹和公公照顾得很好，夸一句'真是好太太啊'，或者先生更疼爱她，那她也就找到了付出的意义，还会做得更尽心尽力。但结果却得不到。她们把自己放在了受害者角色中，埋怨'我做这么多有什么用，也不会夸我一句'。其实，这种心理不光是患有酒精依赖症的女性才有，普通的家庭主妇，内心多少也会有这样的想法，抱怨着，生活着。"

如果主妇们喝多了倾诉出来，应该和酒精依赖症患者的骂骂咧咧是一样的旋律吧，可以合奏出"怨恨大合唱"。

"我十八岁结婚，当时，我和先生的父母，还有五个弟妹，生活在九口人的大家庭里，也是极其痛苦的回忆……"

与志江说的是她自己的事情。她的讲述也给了我更多关于妻子们置身的这个现代社会的思考。她先生是家里的老三，老大和老二先后成家立业，婚后，小两口和父母，还有弟妹生活在一起。

"那时候，我公公瘫痪在床，但先生告诉我，'不要被义理那些观念束缚，你只要想着，哪怕是邻居家的老人，也不可能置之不理，做到这样就足够了，别勉强自己'。我做了我能做的，可还是免不了被周围的人议论，那家的媳妇太年轻了，果然不行啊……被这样说当然很难受，所以逼着自己去做，但做了之后就想求回报，这些女性像悲剧主人公一样的受害者心态，我都有过，而且越来越强烈。等自己感觉到的时候，已经很痛苦，有时候甚至承受不住……"

密闭的呻吟

"和陌生人的话,可以想断绝往来就断,但和家人不行。切不断,又无处可逃,只能尽力配合对方,步调一致地生活下去……这种关系就像有裂缝的瓷碗,稍不小心,就会裂个粉碎……每天都生活在担心之中。"

与志江想起了自己年轻时做主妇的岁月,有公婆、五个弟妹,后来又生了两个孩子,一大家子人。不想被人说自己少不更事,所以她很用心地照顾着老人和弟妹们。

"儿媳的角色真的很难做,无论什么事,都不好找借口说'我不知道啊',加上自己想处处被别人肯定,不免压力很大,每天都过得很辛苦。有时候真的一边哭一边想,能在大风中披头散发地任性乱跑就好了……"

日复一日的生活里,与志江从孩子身上受到了刺激。她记得是长子刚上幼儿园的时候。

"有一天,老师突然告诉我孩子有点问题,不太适应环境,无论面对谁,就是完全不开口说话……我就想,是不是家庭教育出了问题……回想起来,我的教育方式,不是无心插柳静待成长的那种,而是一心一意想被肯定,被夸'那孩子的妈妈这么年轻,但把孩子教得很懂事啊',无论这样的肯定是来自我父母、先生的家人,还是周围的人。渐渐地,我习惯了帮孩子收拾残局,就是因为不想被人说……"

把自我实现寄托于抚养孩子上,希望孩子朝自己想要的方向成长,可结果却不尽如人意。

"那时候,我想起了高中汉语课上学过的一段内容,说的是'揠苗助长'的故事。我意识到这样不行,应该去相信孩子的自我成长能力,不是人为地帮助他。"

与志江在抚养孩子这件事情上发现了自己的心理问题,也以此为契机,调整了人生方向。

"给孩子施压,只能说明我作为一个独立的人没能让自己过得充实。妻子的身份,让我选择留在家里,放弃了参与社会活动的机会,才想通过先生或孩子找到生活的意义……但真正的人生,不是依赖于谁,而是自己努力地活下去,不是吗?当我开始这样想,才一步步走到了现在……"

当时与志江还是大家族的儿媳,但她做了一个重大决定,那就是一边做家庭主妇,一边加入函授高中课程的学习,为大学入学考试做准备。从头再来的时间花费了整整四年,她终于在二十九岁那年进入了理想的大学,并在三十三岁那年顺利毕业。

经历了这样的成长,与志江到中年才找到理想工作,协助患有酒精依赖症的女性患者做治疗。

做过大家族的儿媳,也做过主妇,与志江有过相似的烦恼,对女病人的心情感同身受,她理解她们,正因为太想摆脱内心的痛苦才染上了酒精,却反而让自己更痛苦。

但有多少人能像与志江这样,凭借自己的力量扭转人生?尤其是那些背负着原生家庭的影响,不擅长一个人生活的女性,我想情况只会更严重。

上幼儿园的时候,老师都会笑眯眯地和小朋友招手说:"某某小朋友,早上好呀,过来一下!"

但进入社会后，再没有人这样和一个成年人招手，社会关系网必须靠自己搭建。如果还像小孩子一样，期待着有谁把手伸过来，依靠别人走下去，就会变成"像女儿一样的妻子"，也很难像与志江这样，主动向外界寻求解放。

把自己关在家里，堵死了所有出口的女性，只能在酒精依赖的阴暗海面上，没有方向地漂荡。

大型商社高管的夫人波磨子，就是这样。

下次再喝就离婚

患有酒精依赖症的女患者，多半会经历住院、出院的反复过程。反复一次，情况就会加重一次，病人会更加失去信心，周围的人也会渐渐降低期待，痊愈的难度也就越大。

水泽多惠，四十二岁，和波磨子住在同一栋病房，是典型的病情反复患者。与志江说："哪怕能坚持一年，她完全不喝酒，我肯定会开心得想被全世界夸赞……"

但她神情凝重，止不住叹气，因为多惠的情况还是不太好，就像心里有块重石，一直拖着她往前走。

多惠陷入酒精依赖症是在婚后第四年，大儿子不到一岁的时候。只要喝一口酒，接着连续一个星期，甚至十多天，她都喝得停不下来。她的身体越来越差，最后甚至吃不下饭，酒也喝不下去，但吐完了后，还要继续喝……

与志江接手的病人里，也有这样疯狂地持续酗酒的人，甚至还有喝到不省人事，躺倒在马路边的案例。当事人的先生，不知道是因为身体问题还是受过什么打击，不太喜欢性事，心理有些扭曲，总让妻子在腰上绑类似"贞操带"的东西。

"就算男女都喝醉了，女性也会显得更凄惨一些。多惠在每次生理期前，情绪都有些焦躁，觉得无聊、空虚，受不了就开始喝酒。喝着喝着，月经来了，也懒得收拾自己，在家里躺成一个'大'字，睡得昏昏沉沉，想去厕所也站不起来，只能让血流着……真是可怜。"

她不给孩子喂奶，不换尿布，猛地从醉醺醺的状态里醒来，发现脸上有血，摸了一下，原来是年幼的孩子爬到妈妈身边，用小手揪妈妈脸上的黑痣，虽说不是故意的，但也不知轻重……多惠讲过这些悲惨的故事。

去年春天，多惠在医院住了三个多月，本来已经好得差不多了，结果回家没两个月，又偷偷摸摸喝起威士忌，在家里大闹了一场。

"那次真是闹翻天。我先生、婆婆，还有姐姐、姐夫四个人，想把我扭回医院。其实，要不是这么强硬的话……"

多惠躲到卫生间里，从里面反锁了门。喝醉的时候，根本讲不了什么道理，她丈夫直接把锁砸坏，从卫生间里面传出多惠大声的咆哮。

最后闹了好大动静，厕所门终于打开了，多惠把自己的手腕绑在洗手池的水管上，怎么也不肯出来。丈夫扯着她的头发，想把她往外拖，多惠死也不放手，叫得惊天地泣鬼神。没办法，婆婆赶紧报了警……

家里被闹得鸡犬不宁，结果还是难缠的多惠赢了，丈夫他们放弃了把她带回医院的打算。

其实让多惠反应这么激烈的，是她婆婆。老人家一直想拆散夫妻俩。很早以前，婆婆就说想让儿子离婚，后来多惠出院回来，她还是经常说，喝得醉醺醺的，没有一点儿媳妇的样子，我都这把年纪了，出门还要被人看低一等，真是受不了，你们要是不离婚的话，只能是我离家出走了……

后来，与志江受住院中的多惠拜托，去见了她婆婆。

"那这样吧，这次我先让她回来，不过要在离婚协议书上盖个章，寄存在我这里，再喝一次，他们立即离婚，没有商量的余地……"

多惠接受了这样缓期执行的判决，暂且被允许回家……但究竟是什么，让多惠的心里积压了这么多不满呢？

先生去了工地

多惠的丈夫水泽纯一，在 A 建筑公司上班，这家公司是业界大企业，业务涉及大楼、铁路、公路、隧道、港口、大坝等大型土木工程的建设。看一下他们接的单子就知道，和国家建设、国家铁路、公共住宅、公共道路相关的政府工程，几乎占到其业务总量的六成。

纯一在大学读的是土木工程专业，毕业的时候是昭和四十年代（1965—1974），刚好是日本经济高速发展的时期，入职的公司算是赶上了发展的好时代，业绩年年上涨。从当时的数据示意图可以看到，营业额翻了七倍半，利润率翻了五倍，在纸面上呈现出一条右上陡增的斜直线，只升不降，真是实力雄厚。

纯一入职第二年认识了多惠。当时，多惠的姐姐和纯一的婶婶住在同一家公司的宿舍小区，就这样结下了缘分，给两人安排了相亲。

"不过说实话，我当时没那么喜欢他，但姐姐一直说'是个好人，多踏实啊'，而我呢，当时也确实快要变成剩女了……"

当时，在纯一负责的工程附近有公司安排的宿舍，两个人很快组成了小家庭。但纯一工作忙，休假少，连星期天都没有空。他又爱喝酒，好不容易休假，总是和同事喝到不醉不归，而且在居酒屋喝不过瘾，还带着同事回到自己家，一直喝到第二天清晨。

"他还让客人在我们家洗澡，在家里吃饭，我得一直陪到早上，回去的时候还要给他们拿新衬衣。每次我问他，为什么没有休息日，他就说忙，他也没办法……即便是我刚生完孩子那会儿，他也是每天十一二点才到家，我穿着睡衣还要起来迎接他……"

多惠学着喝酒，也是陪着好酒的先生喝起来的，但后来太空虚，习惯了一个人喝，有时候还喝得不少。

不过，那时候也算是有幸福的期盼。到了结婚第六年，纯一参与了一个大项目，公司接到了价值一千亿日元的水力发电建设工程。

这个工程在深山老林开荒，人最多的时候，包括承包商在内一共有三十多家公司参与。将近两千名工作人员，都住在工地附近，昼夜交替开工。纯一从家到山里的工地，开车都要好几个小时，所以他差不多两周回家一趟。

"每次我先生回来，我都费尽心思做些好吃的，想着他爱吃什么，化好妆，忐忑不安地等他回来，想和他说说这个，又想和他商量那个。可真等他到家了，我又想，他难得回来，烦恼什么的就不要和他说了吧。他倒好，一回来就咕嘟咕嘟喝酒，可能是平时太累了，性生活也懒得过，倒头就睡。"

"因为这个工程，我们家几乎成了单亲母子家庭。"多惠说。这样的生活，几乎持续了十年。昭和四十九年（1974）受到石油危机的影响，加上当地住户赔偿问题，工程中断了一段时间，拖拖拉拉直到昭和五十六年（1981）才完工。

"我先生在家就还好，可到了星期一早上，他回到工地，生活就打回了原形。之前想和他商量的事情，一个也没解决，于是又往后拖了两三个星期……无力感瞬间涌上来，孤立无助的感觉太难受了。孩子睡着后，我就喝点酒，喝完才能睡着……就这么开始的。喝了酒之后，疙疙瘩瘩的心结，一下子减轻很多……"

直到多年以后，婆家想和多惠断绝关系，协助治疗的与志江试着想让纯一回心转意，趁着他出差的空当约着见一面，但也知道很可能会被拒绝。

"他当时给我的回复很决绝，'我不可能让公司知道这些事情。你想一想也知道，我的同事都是一样的工作状态，人家的老婆怎么就没酒精依赖症呢！'但为什么多惠会变成这样子，他要是能想一想就好了……"

依赖母亲的"乖孩子"

纯一住在大坝建设工地的十年间，是多惠作为女人最美好的年华，当时却只有母子相依为命。其实，这些年里，让她心里最不舒坦的，主要是和公婆的相处。

多惠说，纯一是五兄弟中的长子，小时候就是父母眼里的"乖孩子",听话,惹人疼爱。

"婚后,他也延续着'乖孩子'的形象。父母说的话就是命令,只要是父母提的要求,他都尽量满足。如果你问他父母和老婆之间谁优先,他肯定想都不想选择父母那一边。"

有一次他难得回家,从行李包里拿出五六封信,甩在多惠面前。

"'喂,这是不是你干的好事!'他突然这么问,我一脸茫然,一问才知道,原来是他妹妹在信里写,'嫂子对咱妈不怎么样,当成旅馆的女佣一样对待',我婆婆更过分,说什么'从没见过人品这么差的儿媳妇',都是些打小报告的信。问题是,我先生全都相信啊……"

多惠开始酗酒后,先生和婆婆之间的母子关系,在多惠眼里变得更亲密了。大坝的工程结束后,纯一回归普通上班族的生活,但每天晚上,母子都要通电话,一打就打很久,有时是纯一打过去,有时是婆婆打过来。

"电话一响,我就知道是婆婆打来的。老两口一起生活那么多年了,还总是抱怨一些鸡毛蒜皮的事情,什么烧热水洗澡浪费钱之类的。"

这样的婆婆,在多惠面前只流露过一次真情。纯一的父亲是普通工人,一家人的生活说不上有多富裕,但他作为一家之主,年轻时就形成了专制君主的作风。

"有一次,我也不知道他们发生了什么矛盾,婆婆在我面前忍不住哭了起来,说,都这把年纪了,还被他这么对待……说着说着,开始哭诉以前自己受的罪。"几年前,这位专制君主突然中风,成了瘫痪老人,用多惠的话说:"角力关系瞬间颠倒,婆婆一手掌握了天下。"

失去了专制君主的地位,但公公的生存力依然顽强。此话事出有因,多惠曾和他有过不愉快的经历。

那是纯一还在工地的时候,多惠因为酗酒,进进出出医院好几次,后来总算彻底出院。有次住院,她把孩子寄养在公婆家,学籍也转了过去,由婆婆照顾着。多惠一出院,就直接去了婆家。

刚好那天婆婆去了女儿家,纯一的妹妹刚生完孩子,需要照顾。到了晚上,按照婆婆的吩咐,多惠在瘫痪的公公旁边打了个地铺,方便照顾。

"夜里,他说想要小便,我就帮他,可他突然摸我,说,'你来躺我旁边'。已经六十八岁了啊,还瘫痪,按理说不可能有性能力了,但性欲还是这么强,所以才说生存能力很强,他一直哀求我,你摸摸我,你摸摸我……"

那之后,公公也骚扰过多惠好几次。每次,多惠表面上若无其事,但内心很难过。自己都还没完全摆脱酒精依赖症的阴影,反反复复出院住院,让家人蒙羞,被先生和父母都低看一等,如今连公公都觉得我是个廉价的女人,把我当成傻子,不然也做不出这么没有廉耻的事情呀……

"我当然受不了,可这事儿对谁都不能讲……那我究竟为了什么,还要继续留在这个家里呢?要是能找到自己的人生意义就好了……一想到这些,整个人都消沉了下去。我先生呢,一点点小事,也要大闹一下,可能他觉得自己占理吧……"

现在,多惠只盼着孩子快点长大。她有时候喝点酒,才敢说一些平时不敢说的话,在先生面前哭诉一通。台词总是如出一辙:

"我还算是你老婆的话,你就把我当老婆对待啊!……"

// 妻子们的思秋期

失去意义的那一刻

东京市中心某地，拐进一条小巷，会突然出现一方安静的天地，和外面的喧嚣仿佛是两个世界。小巷格调不俗，既有摆着最新潮的舶来品的时装店，也有洋气的咖啡厅。从小巷到百米开外的公寓楼一带，都是散心的好地方。

谁也想不到这公寓楼里有一个诊疗室，是专门治疗酒精依赖症的权威精神科医生A医生开的诊所。房间门上挂着一个小小的指示牌，但知道这里的人并不多。

A医生的主业在医院，副业则开了私人诊所。不少病人是在医院得到了她的治疗，出院后继续来这里看病的，也有介绍过来的病人。患者的情况多种多样，但基本上都是女性。

晚上八点，最后一位病人刚刚离开，我见到了A医生。这里接待过很多看起来是普通家庭主妇模样，却染上酒精依赖症的病人。据A医生的临床经验，女性一生中出现酒精依赖症的危机，大概会有两次。第一次是三十五岁前后。

"一般从生物学的角度看，女性在做母亲的初期，给婴儿喂奶的时候，会明显感觉到自己的存在感，这个时期相对安全。尤其是喂奶刺激到乳房时，雌激素分泌出来，能起到精神安定的作用，让人心安。等到孩子长大，尤其是上了小学后，她对自己还能做什么就会产生怀疑，自信心不够，危机也就来了。"

A医生所说的第二次危机，大概在五十到五十五岁之间。这个阶段孩子们已经成家立业，先生也可能去世了，家人逐渐退场，也有可能先生还在上班，等着退休。

"前半辈子一直是能干的好妈妈形象，突然失去了对家人的作用，不免有些失落，加上丈夫退休，两个人天天待在一起，发现他不是以前熟悉的那个人，笨手笨脚的，简直像大件的垃圾。女性自身刚好处在更年期，这也意味着离女性角色越来越远……所有因素夹杂在一起，促使她们重新审视自己的人生。遇到点事情，就容易伤感，怨天尤人。"

我到底为了什么而活呢？为了先生，会不会太狭隘了——这样思来想去，越想越郁闷，最后连做饭的兴致都没了……

"没跨过第一次危机的病例，最典型的就是她了。看起来很普通的家庭，也没什么明显的危机导火索，剧情单调得不得了……但还是成了病人。"

Ａ医生说的是家庭主妇杉林理绘子，她是这个私人诊所的病人之一，今年三十四岁，有两个孩子，一个在上幼儿园，一个已经读小学。先生比她大五岁，在一家电器公司上班。

我去拜访了理绘子，她住在东京近郊的新建住宅区，某大型地产开发商的楼盘。

理绘子的气色很好，看起来比实际年龄小很多。从酒精的魔掌里逃脱出来差不多有半年时间，她恢复得很好。

"今天是国立大学附小的入学通知日，我家孩子读的那间幼儿园的妈妈们今天吵翻天了，有人欢喜有人愁。读幼儿园之前，孩子们都在读补习学校，连玩都是奢侈，花了钱就想有花钱的效果，大家都是这么想……"

我们的聊天从这片住宅区的中产妈妈们开始，聊起她们热衷于攀比。

"我婚后很快有了孩子,身体上很快适应了当妈妈的感觉,但心理上还没做好准备,所以带孩子很辛苦。就这样过了四五年,感觉心里那根弦突然就断了,开始烦躁,觉得孩子太麻烦了,受够了。我先生倒是很快进入了父亲的角色,还说我不用管他,帮他照顾好孩子就行了……我真是,很讨厌这样的丈夫……"

理绘子的心理问题就这样产生了。

想要肉体的交流

有了孩子后,理绘子的先生很快适应了父亲的角色,他也希望妻子能优先考虑身为母亲的角色。对丈夫这样的态度,理绘子相当不满。

比起父亲、母亲的身份,夫妻俩首先是男人和女人的关系,这层交流更重要。不仅如此,理绘子还觉得,她和先生之间的关系也不够牢固,好像一有风,就容易吹进来灰尘。

理绘子的先生叫隆雄,两人是在朋友家玩的时候认识的,之后顺利地开始交往。

"我和大多数人一样,读书的时候就有喜欢的人,也大胆向对方告白过。后来想想,我好像没喜欢过可爱类型的男生,就是对方来和我撒娇,我需要去照顾对方情绪的那种。我先生刚好是相反的类型,当时觉得他很有魅力啊,好喜欢啊,想和他在一起……但,那个时候我有个错觉,觉得好像很了解他,其实,我对他一无所知,差不多是在懵懂状态下结的婚……"

关于这个问题,我专门拜访过婚姻问题专家,他告诉我,最近几年闪婚又离婚的年轻夫妇越来越多。研究了一下这些人的交往经历,发现有如下一些共通点:从恋爱到结婚的时间可能很长,但交往都浮于表面,很浅,几乎没有共同的经历,就是能带出喜怒哀乐真实体验的那种,更不用说彼此之间敞开心扉,培养深层次的二人关系了。在完全不了解对方的情况下走进婚姻,两人产生矛盾实在是太正常了。

理绘子的夫妻关系大概也是这样,性生活方面先出现了不和谐。

性生活,简单来说,是肉体感觉到快乐或不快乐,这是最基本的层面,也可以理解为肉体的交流,或者说身体的交流。理绘子需要这种温柔的交流时,会向先生表达,却往往被泼冷水:"你干什么啊!"看到这么冷漠的脸,也就没了兴致。

她先生对性这件事,说不屑也好,觉得下流也好,反正对理绘子的要求从来不放在心上。理绘子倒是兴致勃勃,常常在妇女杂志上学习一些性技巧,想做得更快乐一些,结果完全不是这回事。她先生一副嫌麻烦的表情——理绘子不免觉得自己像个傻瓜。

"后来,我慢慢不想和他交流了,一点也不愉快。虽然自己不想承认,但确实有些凄惨,我表面上不发作,但心里清楚,我对他有怨气。

"两个人在一起生活,会慢慢了解对方。我先生好像对女人没什么兴趣,有时候开玩笑说什么,女人太麻烦,有你一个就够受了……但每一个玩笑,都有一半认真的成分。所以在我眼里,他是个没有光芒的人。

"性生活这事儿,是身体的快感,也是精神的需求。男人可以为了自己爽,不带感情地,像排泄行为一样做这事儿,但女人受不了。这种话谁也不会说出来，不过只要问一下，肯定都是这么想的。

"这些事情我从来没有挑明说，算是自欺欺人吧，但其实我内心是这么认为的，只是我先生一直不理解我……这些隔阂，积压在心里，越来越严重。

"如果那时候我不喝酒，我们可能会离婚，也可能我会出轨，会有很多其他乱七八糟的事情发生。或者我先生再差劲一点，我也会抱怨得更多，但正是因为他没什么大毛病，我也不是什么受害者，才不好发作，只能化在酒里。可以说，酒是我的表达方式吧……"

理绘子如是说。

主妇的生活太无聊了

如果我没有和先生结婚，现在的人生应该会更丰富多彩吧，就像绽放的玫瑰那样……可能不少主妇时不时都会在脑海中飘过这样一个梦吧。

不过梦终究是梦，想一想也就过去了，顶多再和先生开玩笑似的埋怨一下，说完就忘了。大多数夫妻都有过这样的对话，但理绘子不是这样。

"以前有个说法，学艺最好从六岁那年的六月六号开始。我也是从那天开始学日本舞蹈的，跟着一位东京筑地的师傅，还有不少从新桥过来的艺人，我在那种风雅的环境下长大。"

歌舞伎座①舞台的表演，一场花费将近一百万日元，是无比华丽又奢侈的世界。没出嫁的时候，有父母的支持还好，但婚后就没那么简单。虽说好不容易取得了艺名②，未来也想坚持走这条路，但现实里填满了结婚、家务、抚养孩子这些琐碎的事情，曾经的梦想被拍打得支离破碎。

但理绘子心中，这个梦想从没有磨灭，总像微弱的火苗一样偶尔扑闪。在孩子上了幼儿园、小学后，这个火苗好像更旺了，撩得理绘子有些不舒服。

"每次在电视上看到跳舞的节目，心里就很懊恼，也不是说自己的才能有多出众，只是想到要是没结婚的话，说不定会活得不一样呢，也不至于在这个鬼地方，过着不如意的生活。越想越郁闷……"

专家告诉我，一般婚前曾工作过的主妇，在度过带孩子最辛苦的那几年后都想再做些什么，也想积极融入社会，但现实往往没那么简单。虽然这些中年主妇们精力还算旺盛，也有大把时间，但常常陷入想做事但做不来的境地，最后只好把落差排解在酒里，一直喝到患上酒精依赖症——理绘子的情况可以说很典型。

"一旦这么想，主妇就觉得日子很无聊。虽说有踏实工作的先生，有孩子，在谁眼里，都是圆满的人生，但每天早上起床，做早饭，让家人吃饭，到了晚上，睡觉……一天天重复单调的日常，过着过着就烦了，甚至还会自我怀疑，难道我的人生就这样了吗……"

---

① 歌舞伎座：位于东京银座的大型演艺剧场，主要用于表演日本传统表演艺术。
② 艺名：日文为"名取"，指学习一门艺术，在到达一定的水平后被师傅认可后获得的名字。

理绘子说，先生隆雄曾经对她讲过这样的话："傍晚下班到家，说一句'我回来啦'，家里灯亮着，飘过来晚饭的香味……我觉得这就是家，我就是想和你在一起有这样的感觉。"但理绘子听着，内心深处却涌起一股反感，是"拒绝现状"的反感。在她的梦想和先生的理想之间，理绘子觉得好累。

后来，她酗酒的间隔越来越短，从两个月一次，到一个月一次，再变成一星期一次……有时，她还用威士忌就着安眠药一起吞服，就是想体验极限状态。

但当时，理绘子和她先生都不清楚，这是酒精依赖症的症状，也不知道应该去哪里寻求帮助。

转机出现得很偶然。有一天，理绘子坐在车站的长椅上发呆，突然有张纸片飘落在眼前。仔细一看，是"戒酒会"发的传单。"戒酒会"是酒精依赖症患者发起的组织，想帮助更多被酒精困扰的人。理绘子想都没想，立即拨通了他们的电话，这才终于摆脱深陷地狱般的痛苦。

星期六的下午，我见到了理绘子的先生隆雄。他皮肤很白，个子很高，身材匀称。他告诉我：

"现在想一下，我和我妻子确实不是对等关系，什么事都是以我的想法为主。即便她说了她的想法，最后也是听我的，我来做决定，她只能忍着……长此以往，不满都积压在心里，她只能通过酗酒来发泄。妻子患上酒精依赖症，我有很大的责任，我以前根本想不到会这样。好在我们都走出了噩梦，虽说很狼狈，但也只能自我安慰，这都是人生的经历。我以前一直认为，女人就该这样，主妇的责任就是这些……现在不这么想了，我们夫妻关系也比以前好了很多……"

— 紫色的情景 —

女人是男人的陪衬吗

　　如果用色彩来形容女性的心路历程，她们可能会觉得，自己的人生一直是活泼的橙色和绿色，但到了五十岁上下，看起来却是紫色了。大概五年前，新海静乃染上了抑郁症，却一直找不到原因。或许那时候的她，刚好处在所谓的"紫色的年龄段"。

　　她的先生善藏，现在是大型制药公司的副社长，五年前他刚进入公司董事会，每天都忙于工作。

　　"就感觉特别没精神，身体哪儿都难受，不知道怎么样才能舒服，总觉得很累，可是去检查，也查不出什么问题。"

　　静乃的家在阪神地区的老街区，也是豪宅区，家里只有她和丈夫两个人，独生女已经出嫁了。去往她家的路不太好走，要爬好几个迂回的坡道，房子后面看起来像是断崖的小山丘，杂木和竹林郁郁葱葱，一直往山上的方向延伸。

　　这一带的楼房又大又气派，和建筑杂志上看到的一模一样。静乃的家是小户型的平房，在其中显得格外朴实。走进去后发现院子很大，铺满了草坪和灌木丛，连栅栏都打理得很精致。

　　"要是我身体不舒服一直睡觉，倒也说得过去，可是我也没什么毛病，就这么睡着，总有些罪恶感。每次睡着睡着就四五点了，我心里明白，得去买东西了，得赶紧做饭了……可身体完全不想动。"

但最后，她还是会坚持做该做的事情，日日如此。

每日重复的生活，在一个星期天的早上出了状况。那天，丈夫像往常一样坐在餐桌旁，问她"今早吃什么？"问得理所当然。

静乃那天早上特别没精神，听到这句话，瞬间炸开了："你想吃什么，自己去做啊！我现在什么都不想做！"说完就躺到了沙发上。丈夫一时懵了，不情不愿地站起身，自己在厨房做起东西来。

"喂，米在哪儿？"

"米怎么淘啊？"

"味噌呢？味噌放哪儿了？"

丈夫一个个问起来。静乃忍不住冲他吼：

"米放在哪儿，米怎么淘都不知道……你怎么在这个家里过的啊！我跟着你二十多年了，没有一天掉链子，身体再怎么不舒服，也忍着给你做饭。我也是人啊！又不是机器，我也有不舒服的时候啊！"

静乃这么和先生讲话，还是婚后第一次。在这对夫妇之间，妻子反驳丈夫的情况，以前绝对不会发生。

静乃到现在还记得，孩子还小的时候，她有一次和丈夫发牢骚，结果被严厉训斥道："女人怎么能这么说话？男人说要这样那样的时候，女人只要点头听着就是了。我老爸说话的时候，我妈就安安静静听着，从来不敢多说一句。"

有时候静乃不舒服，希望丈夫能陪她一起去看一下，他完全不能接受。

"什么？你生病居然要我向公司请假？你是不是糊涂了？"

静乃说："我丈夫一直觉得，男人为女人做什么事情，很丢人；女人不过是男人活着的陪衬而已……"

星期天早上，静乃敢朝丈夫大肆发泄一通，也是身体实在撑不住了。后来，她试图让自己平静下来，就喝了点酒，想着喝晕了就不用理会那个男人了，管他有多生气呢……就这样一直喝，喝到最后，这位高管夫人竟完全失控，还跑去邻居家要酒，出尽了洋相。

陈旧思想是绊脚石

"一有烦心事，我就想借酒消愁，好像我身体里有只小狐狸在替我要酒喝，我阻止不了……"

当妻子静乃在家里独自陷入地狱时，她的丈夫善藏正在事业上步步高升，一路从董事会成员升为常务，直到升为副社长。

善藏晚上回到家，看到烂醉如泥的静乃，简直要气炸了，但他又顾忌家丑不可外扬，只能暴跳如雷："你这个神经病，为什么这家里会有个神经病！"

事情传到静乃老家，妈妈知道后，给善藏打电话请求说："我女儿不是那种自甘堕落的女人，肯定有什么原因，还希望你带她去医院看一看。"

"我丈夫听到后，和我母亲说的大意是：'干吗要把这个废物推给我！'其实，他就是这么想的，女人出了问题，帮不上男人了，那就丢进废品站好了。"

善藏的这种女性观是如何形成的呢？

这对夫妻都来自九州乡下。

也许是九州多出豪杰,这也影响了善藏的性格。年轻的时候,他几乎每天与酒相伴,经常喝醉,回家路上还把人家工地上的告示牌给背回来,说是送给静乃的礼物。

"身边的人都说没见过像他这样的,天不怕地不怕,讲义气,豪爽大方,但我总是说,'他这不是豪放,就是没脑子缺心眼'。"

善藏的少年时代是大正时期①,读小学时发生了"九一八事变",初中时是日本军国主义肆虐的时代。太平洋战争发生的那一年,文部省教育局发表了《臣民之道》,作为"家庭教育指导手册"来推广,其中有这么一段:

"妻子嫁到丈夫家里,不只是为了结婚。她要明白自己在家族里的身份:作为妻子,要对丈夫尊重顺从;作为母亲,要传宗接代,培养出能为国奉献的国民……"

善藏的脑海里,深深地保留着当时的教育成果,这似乎并不稀奇。

但不只是善藏,同时代长大的静乃身上也流着相同的血液。静乃从旧制县立高等女校毕业,从学校保管的资料中可以看出,当时学校想培养的完美女性形象是静子夫人,也就是乃木希典②的妻子,夫妻二人后来双双为明治天皇自杀。"贤妻良母"、"温良贤淑",是当时女子修身教育最为推崇的品质。

那时候,每次吃完午饭,大家就会全体拍手,集体喊道:

---

① 指日本大正天皇在位的时期,1912年至1926年。
② 乃木希典(1849—1912):日本陆军大将,对外侵略扩张政策的忠实推行者,是日本武士道精神的典型代表。

"吃过午饭，身心有力，不急不慌，尽我职责。"

静乃的少女时代，就沐浴在这样的道德教育中。

静乃在后来从痛苦的酒精依赖症中解脱出来后说："我脑子里明白，'女人是男人活着的陪衬'这种说法太荒诞了，可我内心深处又执拗地认为，'无论何时，服侍丈夫都是妻子的职责，做不到这一点的女人就是差劲的女人'，这种想法怎么也挥之不去。

"就是因为这样，哪怕我有抑郁症，身体动不了，也逼自己起来做饭……加上丈夫骂得很难听，我很想从这种状态里逃脱，慢慢就陷入酒精里了。

"这样来看，罪魁祸首似乎是长久以来深埋在我和丈夫脑子里的陈腐观念吧。在外人眼里，丈夫做着企业最顶层的职位，钱多到用不完，是个成功男人；可离开妻子，他在家里连口热饭都吃不上，完全谈不上独立，也是够可怜的。我觉得，会做家务的男人才有男人味，而不是娘娘腔。我最近就在想，也许我今后的工作是把我丈夫变成一个独立的大男人。"

在严寒的大陆结缘

泽崎志，六十二岁，在大阪出生，亲生父母不详。

"如果我生在如今这个时代，可能命运会完全不一样，不过那时候要是被人知道堕胎，是要去坐牢的。好像是亲生父母和养父母约好了，我出生十天左右就被带来了这里。"

她的养父做土地工程，家里除了志，还有个比她大七岁的哥哥，但这个孩子是养父和其他女人生的，后来才带回家里。

养父爱喝酒，经常去日式餐馆花天酒地。在志四岁时，养母去世了，年幼的她常常被带去花街柳巷。

"如果我闹着要回家，父亲也就带着我回去了，所以那些艺伎呀酒友什么的，特别疼爱我。我小时候可能也缺少母爱，喜欢待在那些女人身边。不过那个年代缺电，没有电就去不了，只要一来电，我就催我父亲，'快去快去，去漂亮姐姐那里'。"

养父一直没有再婚，担心后妈欺负孩子，只和女人保持情人关系。一直到志十七岁的时候，养父才和对方领证，说："志长大了，应该没事了。"

昭和十三年（1938），志跟着继母去了伪满地区。

"当时，父亲的生意失败，濒临破产，继母说他：'你一直都过得滋润，现在家里困难了，不能继续吃闲饭吧。'"刚好有个男人邀请她，说去伪满地区可以赚到不少钱，她就带着我走了，去那边做了餐馆的女招待。

"我一直没有叫那个女人'妈'，她是个不太靠谱的人，可以把八说成十。好像那之后，养父每个月都寄来生活费，但都被她拿去喝酒赌博了。"

津村贞司，七十九岁，出生在纪伊半岛①面向太平洋那一侧的一户农家。小时候，他不知道父母之间发生了什么，母亲带着孩子们和父亲离了婚。几年后，母亲抛下贞司，带着另一个孩子移民去了美国，和一个男人再婚，后来死在异乡。

贞司后来被外祖父母带大，中学毕业后，去了税务局上班。再后来，结了婚，有了孩子，但底层公务员的生活很是艰辛。"九一

---

① 纪伊半岛：日本本州中部到太平洋所突出的一个半岛，是日本最大的半岛。

八事变"后,黑暗的战争时期到来,满大街都是失业的人。那个年代,酒精混合着泪水,叹息声此起彼伏……古贺旋律①敏感地捕捉到庶民生活的惨淡,因而成为当时的流行乐。

"像我们这种底层税务人员想找地方租借房子,只会被拒绝,一直这样下去也不是办法,就想着能不能找点其他门路养家糊口,结果就有人问我,要不要去闯一下新天地……"

于是贞司把妻儿安顿在老家,独身去了伪满地区,开始在南满铁路做事。

志和贞司就这样在牡丹江认识了。出身凄凉,缺少关爱的志,在寒冷的异国他乡闯荡,心中满是凄苦,她被温柔老实的中年男子贞司深深吸引。而贞司也渐渐爱上了身世可怜的志。

两个人一起同居了七年,直到日本战败,才给这段生活打上句号。考虑到贞司已有家室,两个人约好,这个关系只维持在伪满地区的土地上,回日本后好聚好散……

然而,一旦分开才知道难舍难分,没多久,贞司就去找了当时住在大阪的志。之后一直到现在,贞司也没有解除和妻子的关系,两人还是名义上的夫妻……

暮年爱情哀歌

贞司和志同居的家不太好找。小巷子里有一大排低矮的房子,

---

① 古贺旋律:指古贺政男(1904—1978)的音乐作品。古贺是当时最著名的作曲家,也是1963年东京奥运会主题歌的作曲者。

路两边是杂草丛，我踩上去，沿着没有路的斜坡，往下走了一段。

绕到临街的房子后面，有一块潮湿的低洼地，空气里都是潮乎乎的味道，志和贞司的爱之小屋就在这里。冬天的午后暖阳洒落下来，颇为暖和，可屋子里还是阴得发冷。

"让您到这么寒酸的地方，真是抱歉……"

志已经全然老去了，她身材娇小，看起来瘦弱单薄，但穿着和服，端端正正坐着打招呼的模样，让人不禁联想到她年轻时该有多美……坐在一旁的贞司，看起来就是个老实巴交的老人，完全看不出他会抛弃妻子，和情人生活在一起。

大概是十多年前，在志五十多岁的时候，她爆发了心头多年积攒下来的怨怒。

"夜里换了睡衣，也进了被窝，就是睡不着，我听着他睡着的呼吸声，又坐起来，换上挂在玄关的和服，跑出去买酒喝……"

渐渐地，她的酒精依赖症越来越严重，也反复住过几次院。我想不通，是什么事情让她这么痛苦呢？

这事得从战后说起，那时生活还没完全恢复，贞司借了钱去做生意，可是他之前只有在公司打工的经验，生意做得一败涂地。志在一家小餐馆的厨房里帮人打杂，拼命工作帮着还钱。

负责治疗志的医师还告诉我令人意外的事，原来在那种艰难的生活里，志甚至还帮着照顾贞司的妻子和孩子。

"有时候，她给自己买一件衣服，也给他太太买一件，让孩子送过去。本来，这种女人间的感情应该是嫉妒乃至愤怒才对，但可能是出于对同一个男人的爱，也可能出于对无辜孩子的歉意，很多种不同的感情夹杂在一起，她勉强自己做了很多。"

偶尔，志喝了点酒，会朝着贞司大发雷霆，像绷紧的弦突然断掉。平时她都叫贞司"老公",里里外外都是无可挑剔的女主人模样,这时候却转眼就变成了"悍妇"。

"喂,你这个家伙,你不是有老婆吗,干吗还在我这儿啊!"

对贞司妻子的嫉妒,对自己没有名分的怨恨,志全都发泄在乱七八糟的谩骂中,一遍又一遍。

"不是和你说了很多次了嘛,我和她合不来啊……"

贞司这么告诉志,也想给她一些安慰,可志一听这些就哭起来。

"合不来,合不来你还和人家生孩子!什么合不来啊!"

志告诉我,贞司虽然年龄比她大很多,但只要身体条件允许,一直都很辛勤地工作,但去年生了场病,在医院住了段时间,一下子老了很多。她自己也因为酒精依赖症而反复住院,根本没法出去工作。衰老,把两个人的爱情,逼到了残酷的结局。

"从年龄来看,肯定是他比我先走,可是送走了他,也不知道我自己还能不能活下去……想到这个,我夜里就睡不着觉。再说,万一他有个什么三长两短,我肯定要通知他的太太,但葬礼的丧主就成了他儿子,然后是他太太,可能我最后连守夜的资格都没有,想到这些,我就觉得太孤苦,太难过了……我命不好,生下来就不知道亲生父母是谁,我自己也想不通,为什么要活在这个世界上呢。可偏偏遇到了这个人,和他在一起,是人生最大的幸福了,除了他,我的生活一无所有……"

后来治疗医师告诉我,志喝了酒把心事告诉贞司后,贞司心疼她,就说自己死的时候,不用通知他家里人,让志一个人送他,给他办葬礼就行了,偷偷埋在城市的哪个角落就好……他还找了两三个见证人说了这事。从那之后,志滴酒未沾。

一 和X先生的对话

只想认真活在当下

菊江、波磨子、多惠、理绘子、静乃和志,六位"女演员"出演的"妻子们的思秋期"第一幕落幕了。她们给我们展现了什么,又诉说了什么——为了重新思考这个问题,我们请教了智囊顾问X先生(多人代称)。

一九六四年,美国的家庭主妇同时也是一名记者的贝蒂·弗莱登(Betty Frydan),做过一份针对中产阶级主妇的调查报告。报告一经发出,就在美国女性间引起了热议,甚至掀起了一场妇女解放运动——让我们听一听X先生对来自大洋彼岸的这一幕剧的"影评"吧。

住在近郊的大房子里,每天早上,和帅气的丈夫吻别,目送他去公司上班,再把孩子送到幼儿园,回到全自动厨房,开始烤蛋糕……幸福洋溢的中产阶级主妇的生活,就像电影画面一样完美,可实际上,她们的内心并非如此幸福,甚至积满了苦闷,说得夸张一点,就像第二次世界大战时关在奥斯维辛集中营①的犹太

---

① 奥斯维辛集中营:第二次世界大战时期最臭名昭著的集中营,位于波兰第二大城市克拉科夫。大约有110万人在这里被杀害,其中绝大部分是犹太人。

人,不知道自己什么时候会被杀掉,被逼到情绪的极限——这份令人惊讶的报告一公开,竟得到了全美国妇女的强烈呼应,"是的,就是这样!"这似乎宣告了幸福神话的崩塌。

"我觉得可能在很久之前,日本就有这样的状况,看了系列里菊江她们的故事,我最强烈的感受是,啊,果然是这样……"

据X先生分析,这个系列的故事,和六十年代的美国主妇极其相似。尤其是在那些丈夫收入偏高的阶层,尽管在外人看起来她们过着衣食无忧的生活,但事实上却对自己的生活有很大不满。

"以前的大家庭里孩子多,在经济能力和时间方面,都不容许女人停下来思考,她们也看不到外面的世界。但现在客观条件变好了,男主外女主内的传统家庭分工还把每个人死死地框在角色里,那些得不到满足的女性自然想要挣脱出来。"

X先生还认为,菊江她们通过酒精依赖症表达自己的不满,这里面包含着对丈夫的报复。但那些心有不满,却没有表现出报复行为的主妇们,她们的内心状况又如何呢?X先生说这里面分三种类型。

"一种是依附于丈夫的女性,也就是我们说的贤妻良母;一种是随着时间推移,自己和对方都会慢慢改变,努力朝正常的相处模式靠近的女性;还有一种是放弃了对丈夫的期待,把注意力放在其他事情上,只选择搭伙过日子的女性。从现实情况来看,属于第三种类型的,是最多的。"

说起来,最近有一位女性给我们打了匿名电话,说的话着实有些可怕。从声音推测,她应该在四十多岁,或者五十岁左右,而且受过高等教育。

"我每天都读你们的专栏,意犹未尽,这种灰暗的话题,你们打算写到什么时候呀？我有一个好朋友，是津田塾大学毕业的，她的心理状况和你们系列中的登场人物特别相似。"她说了这些之后，又补充道，"不过她已经放弃了，放弃了对丈夫的期待，也不奢求对方理解她的不满，她藏起自己的情绪，若无其事地过着每一天。不过她写了遗书，还拿给我看，里面有一句说：'如果我死了，拜托千万不要把我和他埋在一起。'"说着，电话就挂断了。

"前几天，有位七十二岁的女性来找我，说无论如何都想在死之前的短暂时间里，离开她丈夫，自己好好活一次……"

X先生的这番话刺人心扉。如果公开表达这种意见，肯定不能被接受，但借用这位女性的话表达："如果对方是残疾人，我对他有存在的必要性，那我也愿意和他一起生活，直到死。"她说得很严肃。

"一个人找不到自己的存在价值，很难生活下去。菊江和波磨子她们现在的情况，就是想认真活在当下，这说出了很多女性的真实心声。"

X先生还说，男性将如何接收这个信号，也将影响现代社会今后的走向。

以妻子们的空虚为代价

在连载的过程中，我们收到了各种各样的反馈。

"有酒精依存症的女性，本来就不正常吧"、"女人顾家天经地义，她们已经够幸福了"、"我母亲不知道比她们辛苦多少倍，怎么就没有神经衰弱、酒精依赖症呢"——我们以这些反馈为线索，和 X 先生继续对谈。

"如果以昭和十五年（1940）的情况来看，那时候的日本，平均每个母亲有五个孩子，而平均寿命只有五十岁，在最小的孩子还没成年时，可能妈妈就已经不在了。但是……"

现在，平均每个母亲只有两个孩子，下面的孩子读小学的时候，妈妈才三十多岁，忙着带孩子的阶段一过，人生就进入了相对平稳的时期。

虽然之后还要继续操心孩子们考高中、考大学的事情，但这些基本靠孩子自己，母亲能做的极其有限。所以，就算再推算晚一些，女性大多到四十岁左右，就差不多从母亲的角色中淡出。但现在的平均寿命是七十九岁，这中间有将近四十年的漫长岁月在等着她们。

另一方面，妻子从母亲的身份卸任，而丈夫升入管理层，整个家庭会迎来前所未有的新局面。

"在这之前，妻子们喜欢也好，不喜欢也罢，她们都必须认清自己所处的现实情况。但年过四十的家庭主妇，前二十年忙着抚养孩子，自己的人生几乎一片空白，心有不甘，就想今后活出自己的意义，找点什么事情做，可现在的现实社会中壁垒重重……"

X 先生说，这个时期可以称为"危险的空窗陷阱"，或者"女人的人生低谷"，无边无际的空虚感和孤独感，层层压迫着中年妻子们。

难怪近年来，一些兴趣爱好班和修身养性班遍地开花，他们的主要客户就是这些中年主妇，但这些真的能成为逃离空窗陷阱的办法吗？

"当然也有例外，比如有的人会想，终于有时间了，手头没那么忙了，要不要学个什么……站在讲师的立场上，我一直在观察这些来上课的女性，其实她们花钱报班也好，学习也好，对大多数人来说，不过是另一种变相的消费，就像她们花丈夫的钱购物，出去吃饭旅游一样。能好好利用所学，为自己重新开辟一番天地的人，少之又少。"

结果，来参加学习班，反而成了另一种形式的攀比，甚至还形成了应酬的压力——这样的情况并不少见。

"最主要的是，兴趣说到底还是兴趣，很难有人通过它找到人生的充实感和存在感，发挥自己的作用。"

X先生说，处在空窗陷阱时期的主妇们像被困在绝境一般。现在已经有不少年轻主妇意识到，要早一点为此做准备，甚至在带孩子的阶段，从二十多岁就开始各种充电，以面对无法逃脱的危机时期。

即便如此，丈夫们还是对此很钝感，几乎察觉不到妻子们的情绪波动，或者对妻子们发出的信号漠不关心——这种扭曲的关系，演化成了社会上形形色色的问题。X先生如是说。

"从更广阔的视角来看，正是因为女性在家庭里扮演主妇角色，把家里经营得很妥当，男人们才能在外心无旁骛地打拼，实现自己的事业抱负。甚至可以说，让全世界震惊的日本的高效生产力，以及快速的经济成长，都是以女人们难以描述的空虚和寂寞为代价，才一步步实现的。"

如果继续无视妻子们的心声，难以预测前方等待着我们的会是什么危险。但此时，在我们肉眼不可见的地方，女性无意识表现出的巨大空虚感，已像警钟一样开始敲响。

— 读者来函 —

这是奢侈的烦恼吧

"妻子们的思秋期"在报纸上连载期间,得到了很多读者的关注,我们也收到了很多感想和意见。

给我们来函的读者中,几乎九成是女性,而其中大多数是三十多岁到五十多岁的家庭主妇。我们一封封读下来,切身体会到,当今日本的主妇们在烦恼什么,又在尝试着什么。我们打算将其中一部分,结合X先生的意见,与大家一起探讨。

将来函的内容分门别类后,我们把读者的反馈大致归为两种。一种是批判的声音,针对采访的主角"菊江"、"波磨子",指责她们陷入酒精依赖症。比如一位三十三岁的公司职员,名叫K子的读者。

"我读了您的纪实采访后,说实话很生气,每更新一次,就对这些意志力薄弱的女性恼怒一次。依赖酒精的借口,不过是把责任转嫁给其他人,敢问哪里有观音菩萨一样的好婆婆?我们和她们的出身、成长年代,还有思维方式完全不一样,有感情摩擦太正常了,和丈夫也是一样。那些外出打工、单身赴任,还有出海远洋的船员们,这些人的妻子在全国不知道有多少,难道只有她们耐得住寂寞?"

这是一段非常犀利的批判,毫不留情。还有一封信的内容也和这封类似,说这些妻子们有奢侈的烦恼。

"即便是充满美好幻想的婚姻,落到现实里,也没那么如你所愿,等待着我们的,是想不到的痛苦和不满。这些妻子们大概沉浸在天真里,只顾着追逐快乐的梦想吧。至今,我也经历了很多没有想过的事情,但每一次,我都把它想成是上天在磨砺我,因为我经历的苦难还不够多,这样想着也就忍下来了。渐渐地,我习惯什么事情都朝着善意的方向去想,今后不论遇到什么事,我都可以坦然面对。"——主妇·五十七岁。

还有不少读者在做了批判后,也表达了自己对幸福的理解。

"其实幸福感里多一些糊涂,多一些自我安慰,才能让家人的情绪更好。比如衣服洗好晾干的时候,孩子们吃饭吃得很香,露出笑脸的时候,能沉浸在这种小幸福里的女性,多让人羡慕啊!"——主妇·三十三岁。

"既然又有钱又有时间,为什么不努力追随丈夫的脚步呢?不能让男人安心工作打拼,说到底还是自己意志力不够强大吧。"——主妇·五十九岁。

针对这些批判的感想,X先生认为这背后有一个社会共通的想法，可以称之为"固有心理"。

"那些认为主妇品行有问题的人，多是因为他们脑海中有固有观念，认为女人应该这样，或者主妇应该做这些。如果女性自身不打算突破固有观念，就只能在'固有心理'下寻求解决方法了。然而，妻子们出现的问题，基本上是社会问题的缩影，不是说人的想法改变，问题就能解决，没有那么容易，这也是当下现象的特征。"

另一方面，比批判性意见更响亮的，是共鸣的声音。

比如——

"我一直在想，我的人生究竟为了什么。每天过得没有感情，心里没有温度，想到自己这样麻木冰冷地迎接衰老、死亡，又焦虑得不得了。我丈夫也是地方银行的职员，去年才退休。多少年来，他都说'应酬是为了工作'，忙着喝酒、打麻将、打高尔夫球，几乎不在家里。对我来说，丈夫是最大的投资，但我在他眼里，不过是不拿工资的保姆，真的就像连载里写的，这种事情和丈夫的工作内容没有关系，日本经济的高速成长，完全是妻子们的思秋期支撑起来的。"——主妇·四十八岁。

读了这么多反馈，我们能切身感受到，虽然批判和共鸣的声音有所不同，但每个人都联想到了自身的经历，做了认真思考。

// 妻子们的思秋期

努力做各种尝试

"就像在写我自己的故事"、"我完全不认为这是别人家的事"——还有不少信件诉说了自己的亲身经历,说自己也有类似女主人公的心路历程。

而且,有这些想法的并不局限于工薪族的妻子。

"我嫁到这个生意人家有十年了,直到现在,我公婆还亲力亲为打理家里和生意上的所有事,店里的事情,他们一点也不让我做。我像个摆设一样,任凭岁月匆匆流逝,没有任何收获,如果这样过完一辈子,想想还真是背脊发凉。连载里的主人公(也包括我在内)之所以这么痛苦,和没有机会为社会贡献力量,没有和社会接轨有很大的关系。人之所以为人,是因为渴望被认可,渴望成为有用的人。"——主妇·三十一岁。

还有一位五十一岁的中年女性,八年前丈夫去世,她直到去年才辞去了一直做的保育工作,和儿子儿媳住在一起。因为小夫妻都上班,她就照顾起孙子。外人看起来很幸福,但她却说:"我读了您的专栏,胸口像被击中一样疼痛。"

她接着说:"我结婚后也继续工作,还抚养了三个孩子。丈夫去世后,我也尽职尽责地照顾孩子,感觉活着有价值,可现在除了照看孙子,几乎没有外出活动。我每天早上看到那些去上班的人,那么有活力,就觉得自己实在太无聊了。虽说也有兴趣爱好,可兴趣终究是兴趣，不像工作可以带来成就感。我的性格本来挺外向的，做梦也想不到现在感觉这么孤独。以后怎么过下去，我一点信心都没有，只能和孤独对抗着，慢慢等老……"

这位刚刚步入初老之年的女性也有这样的感受。很多读者都在信里写到，向好友倾诉是她们唯一的慰藉。甚至还有不少人说，和好朋友煲电话是最大的生活乐趣……

"女性相对比较容易获得幸福感，除了和朋友打电话，和丈夫一起喝杯红酒，全家人一起短途旅行，日常的微小事情，都能转换她们的心情，但也容易产生错觉，以为不满都消除了……"X先生这样解释。不过，一些女性不满足于这种自我麻痹，试图创造出自己的人生。

"我婆婆七十七岁了，公公八十四岁，两个人一起生活了五十多年。我婆婆却说早就厌恶了这样的日子，彼此之间没有默契，也基本没有夫妻间的交流，看到我公公的脸都觉得烦。我看到她这样忍气吞声地衰老下去，不免觉得可怕。长辈们的相处方式，让我下决心以后不论多大年纪，都要与先生成为彼此最需要的人。但前提是自己要成为精神独立的人，不能一味祈求先生给予自己幸福，我也要有能给到他的东西。做自己想做的事情，活得有趣，这样对方也会觉得轻松一些。"——主妇·四十七岁。

不过，也有一些女性做出"恶妻宣言"，宣称已经对丈夫感到绝望。有一位三十四岁的主妇，丈夫是相互银行[1]分行的次长，家里有三个孩子。

"我们结婚十年了，但我们俩基本没有意见一致的时候，每次我都努力劝说自己别那么认真，把他当成是承担生活费的住客就好了。但其实这样解决不了问题，考虑到以后，我觉得还是考一些资格证比较好，比如花艺师，或者服装搭配师，能给未来一些保障。有时候，我也觉得自己是坏妻子，可还是做不到那么在乎他。"

反过来，也有主妇开始尝试"改造"丈夫。

"我丈夫现在是管理层的基层，回到家也要工作。我也一直以他为优先，两个人基本没有交流，日子一天天过着。他最近开始意识到这样不行，我也想为他做些什么。最近，我们一起参加了一次市民活动，两个人都想着和对方互动起来，反而增加了一体感。其实，主妇的工作是自由职业，先生们才是更大的受害者吧，他们也挺可怜的。虽然我们没有社会头衔，但比起丈夫们，妻子可以活得更广阔。所以我就想着，也许帮着改变一下丈夫也不错。"——主妇·四十六岁。

无处安放的能量爆发

"读了这个纪实采访，我仿佛看到自己的身影。从乡下的高中毕业后，我十九岁就结了婚，和丈夫朝夕相处了三十年，但说实

---

[1] 相互银行：从日本旧式无限责任公司转型的金融机构，主要面向中小企业。

话,我始终感觉自己对他从来没有展露过真实内心。有时候我被他抱着,心里却忍不住反问自己:'没有情感的拥抱,和妓女有什么区别呢……'但对方对我的内心动摇没有丝毫察觉。我以前还期待着他能察觉到,但现在已经疲于期待了。这世上,可能没有几位丈夫想了解妻子内心深处的想法吧。"

这位妻子五十岁,丈夫在大企业任职,像她这样陷于绝望的来信并不少见。她最后总结说:"那些被丈夫的冷漠伤害的妻子们,用酒精来麻痹自己,太让人心痛了。不过,现在的日本太太还是一样,做全职妈妈也好,照顾丈夫也好,不过是换了形式的酒精而已;丈夫们也是,他们尽心尽力为之努力的工作,也不过是另一种形式的酒精罢了。"

控诉对丈夫"无感"的声音此起彼伏。

"采访里描述的情景,是对我们未来的提醒,读了让人感觉心寒,也感觉残酷。实际上,我身边有很多这样的女性'预备军'。我觉得,最大的悲剧是男人们对此毫无察觉。现在的社会问题是,大家需要转变一下价值观,比起男人们升职加薪,争夺销售冠军,更重要的是让他们回到妻儿身边,重视和妻子的关系。女人们也要从'被期待的模样'里解脱出来,不想做的事情就不要做,如何?妻子单方面忍气吞声,不只是妻子们的不幸,也会助长丈夫们的'无感',让他们活得更没有感情了。"——主妇·四十三岁。

从这些来函可以看出,妻子们试图从更广阔的角度考量自己与丈夫的相处方式,甚至是日本企业与社会的关系。

// 妻子们的思秋期

"大家都没接受过这样的教育,不知道完整的人生该怎样度过。丈夫(男人)理所当然地接受着母亲和妻子的好意,不操任何心,像生活白痴一样过完了一生;妻子(女人)也是,一辈子意识不到自己是社会一员。大多数人在'彼此间相互扶持'的美名下,过着相互依偎的婚后生活,没感觉到有什么问题。日本看似是个大国,但每一个国民的内在竟如此贫瘠,像无根飘摇的小草。如果说我们成年人已至此,难以改变,至少要从小孩子的教育开始着手做些什么。再说我们也不是什么都不能做,可以变得更自立,建立起自己的价值观(生存准则)。"——主妇·四十六岁。

"女人今后的人生要怎么度过才好呢。年轻的时候再怎么培养技能,求职上也会受限,婚后如果坚持工作,在外要求我们和男人有一样的业绩,在内又要做家务、抚养孩子,这些压得女人喘不过气。如果做专职主妇又不能经济独立,最后只能为丈夫和孩子无偿付出,就像在劳动力生产车间一样。就算出去再找工作,基本上也只能做些兼职、内勤的工作,被当作廉价劳动力,很容易被淘汰。可以说,日本的大公司是靠妻子们无形的手支撑起来的。如果让女人们都出去工作,让速冻食品和托管中心代替我们,是不是男人们就会回归家庭,照顾孩子呢?不过,日本的女性已经行动起来了,她们要活得更有价值。男人们,你们的跳板已经有了裂缝哦。"——主妇·五十四岁。

X先生读了大量反馈意见后,说:

"来函的不只是城市女性，也有不少小地方的读者，我能感觉到，这是一次范围极广的意识形态的变革。这种内心写照，很难用统计数据和调查来捕捉，但都浓缩在了报道里。女性对于自身的要求提高，导致她们有'生存的烦恼'，这是值得肯定的事情。可惜，社会还没做好准备，无法安置女性爆发的能量。如何解决这种落差，将是今后的重大课题。"

II

妻子抛弃丈夫的时刻

— 黑河 —

从失恋的孤独中迅速抽身

　　为了去见蓝子，我踏上了刚过傍晚高峰时段的电车，车厢里仍旧挤满了人，从东京朝湘南海岸的小镇摇摇晃晃驶去。

　　蓝子，三十七岁，她丈夫叫慎次，四十四岁，在A都市银行上班。两人分开后，蓝子独自带着两个孩子，一年前搬来这个小镇，开始了新生活。

　　当时，慎次差不多要结束四年的海外派遣，但蓝子主动提出想和他离婚，带着孩子先回了国，算是开始了分居。没多久，慎次也回了日本，但并不想签离婚协议书。虽然蓝子每个月都收到慎次打来的固定生活费，但她还是在杂货店一边打工，一边照顾孩子。

　　从车站步行十多分钟，就走到了蓝子住的木质小公寓。她好像和孩子沟通好了："那，在妈妈回到家之前，你们都要乖乖睡觉哦……"说着她便走出了房间。她说，想在没有孩子的地方聊天，就带我去了靠海的一间家庭餐馆。

　　蓝子和慎次的初次相遇，是十五年前的事情了。当时，蓝子作为女实习生，在慎次任职的A都市银行总行工作。那年春天，慎次因为人事调动，从市中心的分行回到了总行，是那批年轻精英中的一员。

两人在同一个部门工作,但真正亲密起来,是共事后没多久的一个周六下午。那天,蓝子和其他两个女孩子,邀请慎次下班后一起打网球,去的是银行职员的专用网球场,从市中心坐电车大概一个小时。

"本来是四个人一起打,打到一半,有个朋友有急事先走了,打完后,我们又去咖啡厅聊了会儿天,后来不知道怎么就确定了交往关系……"

慎次之前也在其他公司工作过,和他父亲任职的银行同属一个系统。从各方面来看,他都是出身很好的男性,看起来也老实忠厚。

"他连坐姿都很注意,绝不会弓腰驼背,虽然年龄不大,但看着很老练……"蓝子说着,不自觉地挺起胸脯模仿起来。

"那天晚上,他没怎么说话,笑嘻嘻地听着我们两个女孩子聊天。其实,我那时候也不是说有多心动,只不过……"

那时候蓝子很失落,因为刚和青梅竹马的男朋友分手。两个人感情很好,却因为一点小事闹到不可挽回。

"我以为我被他甩了,特别难过,刚好这时候,慎次开始追我,追得很殷勤,加上他确实很温柔。然后,我们四月份认识,六月接受了他的求婚,八月办了手续,十一月举行了仪式。之后,我还给分手的前男友发了结婚通知,但对方也很郁闷,因为我那时候才知道,他一直觉得是我甩了他……不过现在再说这些也没有意义了……"

让新婚妻子心寒的风

慎次和蓝子这一对，因为网球结缘，从邂逅直奔到结婚，前后只有七个月的时间。昭和四十二年（1967）的秋天，慎次在近郊的小区买了新房，当时A都市银行总行在丸之内，通勤时间大概一个小时。

慎次每天七点半前出门，这个习惯一直没改，但回家时间，一开始是晚上八九点，后来是十二点，甚至凌晨一点过后。

蓝子说：" 当时整个社会节奏都很快，工作加班什么的都很常见。但我丈夫并不是在和客户打交道的部门，晚上并没有那么多应酬，他回来这么晚，都是在公司打麻将。每天夜里的打车费也不得了呀……"

但比起这些，这位二十二岁的娇妻更不能忍受的，是慎次的父母和兄弟姐妹对她无休无止的挑剔指责。

慎次家有五个孩子，他是二儿子，哥哥和姐姐都另外有了家庭，但这家人真的是家族意识极强。

"因为一点点小事我惹婆婆不开心，他哥哥、姐姐很快会给我打电话，责问我'你有没有给咱妈道歉？'我公公有时候甚至直接闯到我家里，全家人对我的攻击就像联合国军的阵仗。我和丈夫沟通过，可他每次都说'你去道个歉不就没事了'，反正，从没有站在我的立场。"

蓝子的大儿子出生后四个月，婆婆发现这孩子还不会抬头，就说："脑袋这么没力气，会不会有什么问题，或是智力差，最好去医院看一下。"

"我也很担心，带他去看了三家医院的小儿科，但检查出来都没问题。医生说是个体差异，不用太担心。我这么和婆婆汇报后，她说，万一有什么事不太好，带孩子去A医生那里看看吧。"

A医生算是慎次家的亲戚，听说他读医大的时候，慎次的父亲曾资助过他学费。

"我自己的孩子，想自己来照顾，可他们家总乱出主意，一有点什么事，就让吃维生素片，让人家免费过来看，最后还是我们请吃鳗鱼饭才了事。所以我心里很讨厌这样子指手画脚，也没顾及婆婆的想法，就说，三位医生都说了不用担心，况且也没必要大老远地跑过去，又花路费，还得破费买礼物。

"我和婆婆在电话里说的，谁知道我公公在旁边听到了，突然抢过话筒，'你怎么和你妈说话的！'我耐心解释了一番，他还是很生气地对我说，'你够了！'我一听眼泪就流下来了，说了句'对不起'便把电话挂了。没一会儿，他哥哥和姐姐就打来电话，还故意挂断，最后让我在公公的生日聚会上，当着全家人的面道歉……就是这样的一家人。"

慎次家相对殷实，父亲在大资本企业任职，但蓝子家就没那么宽裕了，所以吃了不少苦头。

"最近不是在播一个剧，叫《流星也有生命》吗？我妈后来常跟我讲，我小时候的困难时期和剧里完全一样。战争的时候，我们全家在伪满地区开荒，我也在那边出生。我父亲回来在九州的煤炭公司上班，公司倒闭后，又去了北海道的山里，后来山也封了……"

上流阶级意识强烈的夫家

从伪满地区回来后,蓝子的父亲换过不少工作,但家里经济条件一直不太好,可能是生活拮据所致,父母总是吵架。

"我妈妈是外向的人,也是性格要强的人,就算父亲失业了,她也能一个人撑起这个家。但父亲不想在她面前示弱……所以我妈总说,'真想离开这个家啊,可是有你们在,我走不了……'我站在孩子的角度也会觉得妈妈很可怜,所以也经常想,'既然这么讨厌这个家,那你就走吧,我来帮忙照顾家人就是了'。"

因为这样的少女时代,蓝子高中一毕业,就恨不得赶紧离开这个家。后来和男朋友分手,遇到慎次,很快进入婚姻,也是因为当时太孤单了,内心隐藏的"出走之心"在隐隐作祟。

"我没有和丈夫说过这些,那个时候,我并不是有多想和他在一起,可能只要有个人就行,不论是谁……其实,现在回想起来,我结婚前也有'挺喜欢他'的瞬间,不过就是一瞬间。真的想得挺浅的,有点不负责任……"

那慎次这边又如何看待蓝子呢?慎次父母一开始并不是很接纳这个儿媳妇,虽说是儿子看上的对象。

当时两个人交往得正甜蜜,慎次父亲的熟人却还给慎次介绍了一个女孩,父母都很满意,但慎次不同意。结婚后,婆婆还把这事儿赤裸裸地告诉了蓝子。

"她说是个很优秀的女孩子,出身好,学历高,大学毕业,反正各方面都比我好。还说对方父亲有资源,和慎次的银行领导有交情,以后也能帮到慎次,多好的一桩事,结果我半路出现,毁了这段姻缘。语气里少不了埋怨。"

慎次的父亲知道儿媳候选人的名字后,立即去了银行人事部,调出了蓝子的资料。可儿子执意要和蓝子在一起,他也是束手无策。眼看着结婚典礼的日子一天天接近,慎次的母亲直接给蓝子老家打去了电话:

"我委托了中介送去我们两家的履历书,还麻烦您那边填写一下。"

说得郑重其事,话一说完就"咔嚓"挂断了。

"直到后来,我妈妈才跟我说那时候有多懊恼,居然遇到了这么个恶婆婆。连结婚典礼那天也是,我父亲跟他们打招呼,他们冷冰冰的,鼻子哼了一下,连句话都没有……他们家从一开始就瞧不起我。"

但不管婆家怎么看低自己,公婆也好,兄弟姐妹也好,说蓝子学历低,娘家穷,只要丈夫慎次不这么认为,她都无所谓……然而,尽管慎次在婚后不止一次说起"我不在意学历"之类的,可随着时间推移,蓝子渐渐明白,其实他内心也不是完全没想法。

"因为他的工作性质,他会经常邀请银行的客户来家里做客。等客人走了后,他有意无意说'谁谁的太太是A公司社长的千金'、'谁的太太是东大毕业的,谁谁又是庆应毕业的……'其实,他对这些挺在乎的。"

慎次外表看起来老实,但实际上也爱慕虚荣。银行内部的人事调动、升职加薪之类的传闻,他比谁都敏感,又计较得失,蓝子对他这点有些不屑。

"我也在同一家公司做过,对银行内部的人事组织,还有部门领导的名字也很熟悉，可我先生总在我面前说，'谁谁加薪了，我却没加，又被他甩开一截儿'这些，少不了羡慕嫉妒恨的劲儿。"

蓝子对婚姻生活的期待，就这样一点点冷却下去。

无法离开父母的巨婴

慎次和蓝子结婚时，是六十年代中期，日本经济高速发展的时期。在银行上班的人，工资几乎直线上涨，慎次也是一样。

从统计数据来看那时候月收入的增长情况，以昭和四十年（1965）为基数100算，昭和四十五年（1970）就到了171，昭和四十八年（1973）竟达到了273……而且这个平均数值还包含了普通员工，比如规模较小的金融机构的从业人员，或者是高中毕业的银行女员工等。像慎次这种大学毕业的精英，又在大型都市银行上班，增长速度只会更快。

好事连连，家里很快有了大小两个儿子，慎次把两房一厅的老房子卖掉，换了大房地产公司开发的新盘，搬到了千叶县的高级公寓。

从车站走到家里的小区，大概要二十多分钟，蓝子去考了驾照，每天开车送丈夫往返车站。有房有车，新房子面积大、房间多，可以说生活质量全面提升。

但实际情况如何呢？慎次的通勤时间比之前增加很多，虽然还是像以前一样夜里十二点、一点到家，但一回来就累得不行。

蓝子说："我公婆家的对话基本上是吃饭、洗澡、睡觉这些……后来我家也差不多，还有早上一句'我走了'。他偶尔十点到家，结果还带着公司的文件，一直磨磨蹭蹭弄到夜里两点多。"

把公司的事情带回家做，其实没有加班补助（即无偿加班）。但这样的情况在银行职员身上并不少见。因为工作时间内没有完成任务，担心被人说能力不行，只好悄悄把文件装进包里带回家，第二天一早，装作若无其事的样子给领导拿出无偿加班的成果……这样的事慎次也干过不少。

"他一到休息日，上午基本上睡懒觉睡过去了，到下午猛地起来，然后摆弄他自己收藏的汽车模型和邮票，玩得不亦乐乎。偶尔才看书，看的也是堺屋太一[①]和城山三郎[②]这些和企业相关的，就像白领吃午餐便当一样，几乎不看纯文学小说。"

他的汽车模型看起来是玩具，但都是按照一比四十三的比例制作的高级玩意儿。有不少是从国外淘回来的，一个就要好几万日元。慎次这些年积攒下来的，有八百多个，都被他小心摆放着。

"他每次去商场，就直奔汽车模型和邮票柜台，买到自己的东西了，就说回家。搬到千叶时，孩子刚学会走路，有时候在家里乱扔东西，把他摆放整齐的模型给弄乱了，他就冲我大发脾气。反过来，他和孩子玩耍互动的时间几乎没有，不过他本来也不太喜欢孩子。"

不关心孩子，沉迷在汽车模型和邮票的世界，只顾取悦自己，慎次的这些表现似乎也说明了他的性格——我咨询了作为精神医学专家的大学教授。

[①] 堺屋太一（1935—2019）：原日本经济企划厅长官，后从事写作及演讲活动。
[②] 城山三郎（1927—2007）：在大学研究并教授经济理论，开辟了"经济小说"这一新的题材领域。

"从精神分析的角度看，人类出生后，通过母亲的乳房获得母乳，是寻求与他人关系的第一步，这个阶段叫口唇期（零到一岁），之后是肛门期（二到四岁），再之后在不同阶段接受父母的爱，等得到满足就进入下一个成长阶段。但如果父母是焦虑的类型，比如管教很严，就会在孩子内心留下阴影，因为他们的需求没有得到满足，即便长大成人，也会因为小时候缺乏关爱，试图通过逆向方式重新得到满足。如果肛门期缺失关爱，精神分析上就称为肛门爱欲性格，节俭、小气、爱较真，都是这类人群的性格特征，也表现在热衷收集东西上。"

看来，慎次虽然是两个孩子的父亲，但心理上依然是没有脱离父母的巨婴。

住着崭新的公寓，过着别人眼里的幸福生活，可蓝子的心里只感到越来越多的压抑和寂寞，还有对慎次越来越大的失望。

在父母的心理压力下

从精神分析的视角聚焦，慎次爱收藏汽车模型和邮票的性格，是缘于小时候没有得到父母充足的爱，长大后也无法切断在幼儿期时对爱的索取，确实可怜。后来听蓝子讲了些事情，也证明了他现在的性格表现与这成因分析吻合。

其实，蓝子也曾就与慎次的关系，问询过一位心理咨询师，这位专家也从其他角度分析了慎次无法脱离父母的原因。

"慎次这种情况，是典型的'中间孩子'的悲剧。"

"中间孩子"是指家里有三个孩子的情况，大孩子的性格和独生子女差不多，因为是爷爷奶奶的长孙，少不了被众人疼爱。一开始独占妈妈，等第二个孩子出生后，又能坐到爸爸的膝盖上。"

第二个孩子开始没什么问题，一旦第三个小孩子出生，就会夺走妈妈的注意力，而此时爸爸的膝头已经有人占了位子，想被宠也没办法了。

中间孩子和上下的孩子相比，有些不走运，所以想通过各种方式得到父母的认可。当老大和老三争宠捣乱时，他们反而表现出乖孩子的一面，不给父母添麻烦。通常来讲，中间孩子更早独立，也看起来更懂事。

做了这些前提铺垫，心理咨询师又说：

"但这种懂事是表面上的，他的内心还是渴望父母的爱，这种需求一直在拖后腿。他得不到其他两个孩子那样的宠爱，其实心里不舒服，但很多人就这样别扭着长大了。"

慎次是家里的第三个孩子，上面有一个哥哥和一个姐姐，刚一岁又有了妹妹，然后是弟弟……接连到来的孩子，把慎次夹在了中间，像三明治一样。

蓝子说："我婆婆也说，因为慎次和妹妹就隔了一年，所以他的婴儿期都是被放在围栏里，和毛毯还有一堆毛绒玩具，兔子啊熊啊一起玩。婆婆还说他总是乱扯毯子，但当妈的实在顾不过来，只能这么把他带大。慎次小时候还有小儿哮喘，可能也和这种缺爱的心理状态有深层次关联吧。"

另一方面，慎次的兄姐则完全不一样，他们在母亲的充分照顾下长大，得到了很多的爱，也能较早从父母的庇护下独立，读书时成绩也好，这和他们的独立不无关联。

不过，很讽刺的是，兄姐能很快脱离父母的另一个原因，是他们的母亲实在太不独立了，是位精神具有高度依赖性的大小姐。老太太出生在小地方，是当地一个资本家家族的千金，兄弟是同父异母的，她是家里唯一的女孩子，集万千宠爱于一身，也养成了刁蛮任性的性格。

心理咨询师说："在这种环境下长大的女孩儿，她婚后的夫妻关系，不如说更类似父女关系。长子长女出生后，她也会和孩子黏在一起，孩子们也觉得自己很被母亲疼爱。但随着孩子长大，这种亲密关系会慢慢疏远，母亲自然以为，是孩子长大了，要离开自己了，会有空虚寂寞的感觉，于是她开始寻求下一个可以黏在一起的对象。"

于是，一边是与孩子们渐行渐远的妈妈，一边是渴望着被爱的乖孩子，慎次与母亲之间，生发出一种相互依赖的特别的母子关系，变得十分亲密。在母亲这种心理力学的影响下，慎次没能成长为人格独立的成人。这在蓝子后来的观察里，看得一清二楚。

为自私的冷漠哭泣

慎次的母亲是娇生惯养的大小姐，即便后来成了五个孩子的母亲，她还是不食人间烟火一样，继续着少奶奶的作风。生病住院一定要住单人间，还要购置一整套全新的住宿用品：居家服、睡衣、浴巾、洗漱用品……否则就会生气。

她年轻时就爱打扮，后来孩子们结了婚有了孩子，她都是老太太了，还一如既往。看到媳妇们穿得青春靓丽，她也不甘示弱地装嫩，就算平时在家，也穿着套装，化着浓妆，晚上睡觉也不卸。

// 妻子们的思秋期

"她还爱喷香水,只要我们说起妈妈,就条件反射似的,好像马上能闻到她的香水和脂粉味,就是这么夸张。我偶尔过去住,第二天早上一起床,从卧室到厨房,空气里都是香水的味道。她有一个上门的按摩师,是男的,每次人家过来,她都会在整个屋子里洒香水。后来年纪大了,免不了腰酸背痛,就在身上贴撒隆巴斯①之类的止疼膏药,于是家里面,膏药味、化妆品的味道,混合着香水,呃,真的是太奇怪了……"

蓝子说的时候,表情里还夹带着嫌弃。

老太太爱热闹,每年生日,她都叫家人们回来聚会,不论大人小孩,每人发一千日元。

在孩子们小的时候,全家人住在东京山手住宅区的别墅。院子特别大,慎次的母亲自己爱出门,却规定孩子们只能在家里玩,且只能和她挑选的同学玩,坚决不能外出。

心理咨询师说:"孩子在幼儿期,尤其是三四岁时,也就是第一个反抗期的时候,如果不让他们在孩子群里体验玩伴的乐趣,甚至是小孩子之间正常的冲突,就很难帮他培养共情能力,他不会由别人的痛苦联想到自己的痛苦。就算长大了,他也只会对母亲体贴,但对其他人就少了同情心,容易以自我为中心。慎次就有这样冷漠的一面。"

咨询师还说,夫妻之间的正常关系,应该是"give and take"(有来有往),但慎次这样的丈夫,只希望妻子可以像妈妈一样,是"give and give"(一味奉献)的关系。他希望的理想妻子是能一直原谅他的任性,尽心尽力地奉献自己的类型。

---

① 撒隆巴斯:日本著名的舒缓肌肉劳损的贴膏。

"不过矛盾的是,他一边寻找像他和母亲一样的关系,另一方面,他和母亲之间的亲密在青春期之后又逐渐疏远,所以他内心同时还希望妻子不会那么黏他……但妻子不是他肚子里的蛔虫,不可能对他这样的要求百依百顺。"

慎次的性格里,的确像心理咨询师说的那样,有残酷冷漠的一面,而且在婚后的漫长岁月里,愈发明显。在蓝子怀孕、人工流产、生产、胎死腹中、流产、做绝育手术的时候,在女人面对自己和孩子的生命感到无助的时候,慎次都表现得让人失望。

蓝子两次生孩子,都是过了预产期一周还没动静,在医院打了催产针后才好不容易生下来。可即便如此,产期也是提前知道的,可慎次从头到尾都没有在医院现身。出院的时候,也是蓝子自己抱着孩子,收拾了行李回家。

人工流产做过三次。每次都是蓝子告诉他怀孕了,他就说:"这有点不好办呀,已经有两个孩子了……你去打掉吧。"扔下这么一句话就去了公司。等晚上回来,他也不过问蓝子的情况。

这些经历都让蓝子深受打击,失去的小生命是如此可怜又可悲,她至今无法释怀。一个个无边无际的黑夜,她都哭到全身颤抖,哭到胸口疼痛。

被拒绝的感觉如寒冰

某天下午,我又去见了蓝子。

她星期天也要上班,所以临时用加班换了休假。孩子们还在学校,平日的商场也没那么热闹。

蓝子讲她和慎次的事情，前前后后用了差不多十个小时。从她漫长婚姻生活的曲折，到背后隐藏的内心写照，夫妻间的私密领地，在我和她的交谈中慢慢显现出来。她也终于愿意打开封闭的内心空间，让我走进去。

"我也不喜欢和他有性生活，可以说很抵触。每次完事，我一闻到床上有他的味道，好像生理反应一样，恶心得想吐，哪怕只是和他同处一个空间，呼吸一样的空气，也非常讨厌，已经到这种程度了……"

不知什么时候开始，蓝子心里埋下了对丈夫的抗拒，等她自己意识到时，隔阂已经很严重，像凝结成了黑块，无论她如何想消融，都像冰块一样无法化开。这种感觉似乎是性的深层次原因引起的。

"这些事情我没有和任何人讲过，因为是我最讨厌的事情……"

蓝子欲言又止，我适时地提醒她，帮她整理无处安放的情绪，从抽象讲到具体，又回到抽象。

和蓝子谈起她和慎次的性生活，是因为无意中聊到了一个奇怪的细节。之前聊到慎次的幼儿期，他和母亲之间有亲密的相互依赖关系，类似心理上的男女关系。而蓝子的婆婆和慎次之间有不少事情都能说明，这对母子一个没有独立于父母，另一个也没能割舍孩子。慎次住院就是其中一个事例。

那是搬到千叶没多久的事。有天夜里，慎次在回家路上，因为天太黑，不小心滑倒而闪到了腰，被担架抬去了医院。

蓝子给婆婆打电话说了之后，果然不出所料，在家里引起了轩然大波。之后每天，婆婆都要给蓝子打电话遥控指挥各种事情。

"慎次喜欢吃某某屋的盐海带，你去给他买回来，还有蓝纹芝士,房间里别忘了摆花瓶……一件件小事交代下来。还说,你告诉慎次,是妈妈让买回来的。我照着做了之后,啊,天啊……他居然真的吃得很开心。"

本来在说这些事情,但蓝子突然停下来,像想起来什么似的,转向了性生活的话题。

住了两个星期的医院后,慎次可以自己去卫生间了。有天蓝子去医院,慎次突然拉住她说:

"'我想,那个……'我当然不同意了,跟他说,虽然是单人间,但门没上锁,又是大白天,万一护士进来了,多尴尬……他就说今天巡房结束了,不会有人进来。说着便强扑上来,在病房里做了。他真的就是这种人……"

想象一下这个画面的话,一对正常的小夫妻,无法压抑喷涌的性冲动,其实也没什么,不如说还挺让人欣慰的。可蓝子描述这个场景的时候,有些害羞能理解,但不像是回忆自己年轻时的偶尔出格,倒像是在说她和慎次之间日常的性生活,都是不情愿的状态。

"他是性需求一般的人,年轻的时候就这样。平时他回到家很累,不知道是忙于工作,还是忙着打麻将,反正我们的频率不高,十多天一次。但也不能说是性冷淡,有时候他自己想做了,哪怕是半夜两三点,哪怕我很累,甚至是星期天大白天,孩子们都在家,只要是他想就随时做,当然肯定不会在孩子面前了,他会让孩子们出去一会儿,然后一把把我推到床上……"

蓝子继续说着。

凄凉的性关系

虽然有些难以启齿，但蓝子好像下定了决心把她和丈夫的性关系说出来……一旦开了头，就好像能顺着潜意识的性感觉，一点点讲出来。但我听来，她坦诚告白背后暗藏的，是对丈夫积累已久的不满。

星期天白天把孩子赶出去，趁间隙亲热这事，蓝子心有余悸。她继续说：

"性，应该是男女双方的喜悦，不是吗？但在他那里，就变成了他想发泄积攒的性欲，借用我的身体而已。至于我的感受，他完全不考虑……我有时候并不想，所以身体没什么反应，他也很快完结了事，感觉就像我没什么用一样……频率什么的我记不太清楚了，但至少一个星期或者十天左右，就有一次这样的事情……反反复复多了，我感觉到自己不过是他用来排泄欲望的道具，太可悲了。而且……"

蓝子的表情里闪现一丝犹豫。

"而且什么？"

"……他每次做完马上去浴室洗澡，每次都是。洗完之后倒头就睡，背对着我……像固定流程。他说，'我有包皮，不洗不行'，但我总觉得他是嫌弃我不干净，或者他觉得性这事儿不纯洁。我极其受不了这样子。他还说过这样的话，反正都做完了，这和你没关系吧……他好像不明白我的感受……"

我去咨询了泌尿科医生。医生说："正常来说，男人在青春期阶段，性器官会发育到成人形态，而有包皮的人占到了百分之四十。这些男性可能因此而精神上有压力，又烦恼炎症带来的不舒服，所以一般会被医生建议说，性生活前后一定要保持清洁卫生。"

蓝子描述的这个细节，正反映了这种微妙的心理，可能这也是影响夫妻关系的原因——我以此为线索，又拜访了临床心理治疗的专家。

"这位先生的情况，是典型的恋母情结，精神上没有和母亲分离，长大成人后也像小孩子一样依赖母亲。当他和其他女性发生了性关系后，内心有内疚感。总感觉母亲在背后监视着他，即便和自己的妻子亲热，他也被罪恶感纠缠。所以发生性行为后，他必须做一些补救行为。比如亲热后立即洗澡，某种意义上，也可以理解成'净身'行为。但他自己会说，因为我有包皮……实际上是他自己都没有意识到有一层'隐身衣'。"

看来，慎次的幼儿期太缺乏母爱，这种缺失让他如今都执着于对母亲的依赖，这也是他和蓝子的性生活不和谐的原因之一吧。

越往深层次挖掘心理活动，就越惊叹人类的复杂。不过，作为普通人的慎次和蓝子，可能自己也没有意识到这些心理活动。只是随着岁月流逝，两人的性关系愈发淡薄。

蓝子说："性这个东西，女人不单单为了做而做。就像孩子渴望和妈妈有身体接触，女人也渴望有肌肤的触摸，哪怕只是两个人轻轻地抱着睡觉也行呀。我家那位完全不解风情，性的乐趣，只是他一个人的事情。长年累月，对于和他亲热这件事本身，成了我的一个烦恼。他一趴在我身上，我就恨不得赶紧把这事儿做完，脑子里都想着让他快点……"

// 妻子们的思秋期

表现在性上的以自我为中心

对蓝子来说，性，成了这样一种存在——有时候会涌上来，但很快又被自己按压下去，尽量避免和丈夫有性生活，过好普通日子就行。但后来出现了让她重新审视夫妻俩性生活的契机，因为慎次被派去国外工作，他们在纽约开始了新生活。

从总行，到东京分行，再到名古屋分行，慎次每两三年就有一次调动，这次回到总行没多久，就被外派到了国外。经人介绍，他们把千叶的公寓租给了别人，而蓝子带着两个孩子，在慎次之后跟去了美国。

他们没申请上驻外员工的宿舍，只好住在郊区的独栋房子里，就是距离公司有点远。住了没多久，他们认识了一对日本夫妇，住在同一片区域，也在公司上班。蓝子说：

"他们家孩子和我家孩子年龄差不多，所以我和那位太太走得很近。丈夫去上班、孩子去上学后，我经常去她家里玩，她本身也是开朗随和的人。有天闲聊的时候我们说起了性的话题……"

在那之前，蓝子从没有和别人说过自己的性生活。住在千叶时，和家附近的主妇们聊天，就算聊起了这个话题，她也只是口头上敷衍，很快就岔开，因为她根本不想说。

但在纽约，蓝子一个人也不认识，和慎次的父母也离得远，在突然解放的环境里，之前那种别扭的性意识好像也放松了一些。所以当话题聊到这儿，甚至说到夫妻的性生活场景，哪怕有些赤裸裸，蓝子也没选择逃避。

"在那之前，我以为每个女人都只知道自己和丈夫的性生活。所以我一边在身体上抗拒，一边也在思考，也许真正的性，是完全不一样的感受呢。那位太太就给我说了很多，关于夫妻间一些露骨的事情，我听了非常惊讶，原来别人和自己这么不一样，有种恍然大悟的感觉。

"性关系，是夫妻两个人的事情，也是不可替换的赤裸关系。如果没有为对方考虑，没有感觉到体贴和安慰，其实不只是性不和谐，而是男性整体的生活方式都如此……说他有自己的节奏也好，以自我为中心也好，就算婚姻继续维持下去，丈夫的态度也不会发生太大改变。"

通过心理咨询师的分析，就能明白蓝子在性关系里累积的抗拒感，和慎次的成长史有着密不可分的关系。

"小时候没有和小伙伴一起玩耍，没有培养'共情能力'，也就无法感知别人的痛苦，加上他的成长没有完全脱离于母亲，除了妈妈，他很难和其他人建立亲密关系，也就是不会'爱'，这是一种可悲的人格。不过有一点很重要，有些幸运的人，就算父母的养育方式有问题，背负着幼儿期的'债务'，后来也可以依靠自己的努力还掉'债务'，成为独立的人。最早的机会是青年期，这是很重要的时期，人在这个时期会经历各种精神体验，依靠自己的力量走向独立。如果这个时期没能实现自力更生，把幼儿期的'债务'直接带入婚姻，就要在婚后生活努力了。如果夫妻两人都懈怠了，就容易出现相互埋怨的情况，闹得家里鸡犬不宁。"

咨询师补充说，只考虑自己的性格是很不成熟的，缺少对别人的同情，最极端的表现就是性行为，对他们来说，性不过是解决性欲的事情。

蓝子生孩子的时候，做人工流产的时候，打掉孩子的时候，慎次的心理上没有表现出任何波澜。那种冷漠，就像在处理一件东西，伤透人心。想来，这种冷酷无情，和他在性行为里表现出来的以自我为中心的倾向，都是他真实的一面，不过是他阴暗的内心深处，延伸出的不同分支罢了。

在异国他乡的孤独感日渐加深

和交际花母亲不同，慎次喜欢一个人玩，比如他的汽车模型，他的邮票。这也可以说明他不擅长交际，尤其是在国外的时候，因为员工人数不多，这一点就更突出了。蓝子说：

"在美国，高尔夫球的应酬特别多，没办法，分行的员工们轮流去陪。但慎次打得实在一般，很为难，我劝他去练习试试，可他完全没这个念头。所以，后来有个很重要的客户招待晚宴中他的名字就被剔除了，这也不奇怪。而且替代他出席的，还是他的手下。其实，我也没想让他爬得有多高，只是说身处江湖，不这么做的话，肯定会有负面影响的不是吗？"

在美国还得学会的一个习俗是，像当地人一样经常在家里招待客人。但慎次每次都离大家远远的，好像和自己无关，蓝子在旁边看得很无奈。

"他总笑嘻嘻地看着大家，但不说话，好像没有男主人的意识，也不招呼客人。自己发了会儿呆之后，突然在带着家属的同事面前，说什么'啊，昨天那个汇率的事情……'还说得很自然。等客人走了之后，我真是累得筋疲力尽……"

一般在银行工作的人,多多少少都对金钱很敏感,但慎次可以说是极其在意。用蓝子的话讲,说抠门都不为过。

在外派到美国之前,慎次每个月从工资里拿出二十万日元给蓝子作为家庭支出,也就是一家四口的生活费。不过,慎次的奖金都存在他自己名下,基本上是他自己支配,记在手账本里。算下来每个月也是一笔不小的金额,但从来不让蓝子碰它。

"比如一家人出去吃饭,肯定是丈夫付钱吧,但他回到家,居然找我要回去,说'刚刚是多少多少钱……'有时候人情礼节多,不到月底钱就花完了,我找他要,他就穷追不舍地问'你花哪儿了'、'怎么回事啊',最后顶多给我两三千日元……而且等到下一次发工资时,一定会克扣下来。"

慎次这种样子,自然不被蓝子所喜欢,但蓝子觉得还不至于会动摇夫妻关系。比起这些,蓝子更希望慎次能成为独当一面、勇于承担家庭责任的丈夫,而不是一直依赖母亲,躲在从小习惯的"洞穴"里。

说起来,美国生活对蓝子来说是绝无仅有的好机会。她期待着婚后第一次不用担心生活被干扰,可以两个人相互扶持,毕竟他们和父母远隔重洋。这种期待后来实现得如何呢?

"我现在才明白,其实不论是在海对面,还是相隔几千公里,不论在哪儿都不行。我婆婆生病了,电话打过来,他不论多忙,都要向行长求情,一个人跑回国探望,或者在我不知道的地方给他的兄弟姐妹打电话、写信之类的……"

迷梦一旦被惊醒,就很难再假装昏睡下去。

——我究竟为了什么而活?我仅有一次的人生,要这么继续吗……男女在一起,应该更快乐一些才对吧?不论精神上还是肉体上，如果彼此能坦诚相对，也会更享受吧？虽然生活有保障，在其他人眼里也算不错，可为什么还是觉得人生如此寂寞呢？太讨厌了，这样的人生……

有时候一个人待在房间里，丈夫、孩子都不在身边，蓝子会陷入深不见底的孤独，被压抑得颤抖不已。

抛弃丈夫独自回国

"刚好那时候，我得知一件事，和慎次在同一家银行的员工的太太，偷偷出轨了。我当时想，要不我也试一下吧……"

那位太太住东京的时候就有个情人，是小她一轮的学生。后来她跟着丈夫来了美国，两个人本来说好结束关系的，但不知道是太太邀请他来，还是其他原因，两个人时常开车在美国自驾旅游。这些事情蓝子都知道。

"就是小说和电视剧里常有的剧情，但我还是第一次听当事人讲，所以打听到什么份儿上合适，我也掌握不好分寸……她说也考虑过彻底离婚，但想来想去，比较利弊，觉得还是维持目前的状态最好。自己不用很辛苦，随着时间推移，丈夫的职位会上升，收入也会增加，这样不是更好吗？但在我看来，这或许是一种生存方式，但等到死的时候，我们回顾这一生，可能会想'我这一辈子都在干吗？'那时候会是什么心情呢，我肯定会觉得很无聊、很无聊吧……"

蓝子思前想后，纠结了很久，终于决定和慎次做一个了断。在纽约生活的第三年，街道上冬天的气息渐浓之时，蓝子向丈夫坦白,我想和你分开了。

"我当时很努力地想要传递出我的感受,但他并不领会,好像什么都不明白。"蓝子说。

面对妻子如此郑重的告别宣言,慎次完全没想过蓝子的感受,他不知道蓝子多么渴求关心,更没想过表达自己的安慰,他不是这种丈夫。

听完蓝子的话,他就回了两句:"我知道了,明天我会改正的。"改正什么?蓝子完全摸不着头脑,结果第二天起床,他主动打招呼:"蓝子,早上好!"蓝子刚反应过来,他又说:"我今天要开会,晚点回来,但九点肯定到家。"

"这种让人匪夷所思的低姿态,他保持了一个星期,我还是觉得很奇怪,有一天他突然说:'蓝子,我变了吧?我在很努力地改变呢……'但这些不是我想要的呀,我想要的是两个人齐心协力,一起搭建我们的小家庭……那一刻,我再次确认,我们俩完全不在一个频道上,后来,我对和他一起生活这件事情本身,都产生了生理上的厌恶……"

经手过多个离婚案例的心理咨询师说,夫妻关系产生裂缝的时候,即便当事人自己没有感觉,但妻子的内心已悄悄萌发了对丈夫的嫌弃,无意识中会表现在很多行动上。比如丈夫泡过的洗澡水,她绝对不想再泡,会全部放掉再重新放满……

蓝子也是这样,她一靠近双人床,闻到慎次身上的体味,生理上就不舒服,甚至睡不着觉,更不用说性生活了,后来索性钻到孩子的单人床上睡觉。

"但是我丈夫那个时候,还活在自己的世界里,完全没有想和我坦诚沟通的意思。他还给他妈妈写信,写得很长,从纽约寄回去，就像小孩子给妈妈写总结。"

蓝子后来才知道，慎次在信里写的是："让妈妈这么担心，实在太抱歉……"那封厚厚的信，据说被他妈妈放在枕头下面，放了三天三夜，一读起来就哭。

后来，他妈妈给他的回信里写道："慎次太可怜了，你心地这么善良，却要经历这样的事情，真的是不走运呀。我希望你想清楚……"

"七十多岁的老母亲，四十多岁的大男人，这样的对话太恶心了吧？之后没多久，我就带着孩子离开了纽约……"

关系破裂的原因是什么

"我猜想，他现在应该和妈妈过着快乐的蜜月吧。劝儿子离婚的妈妈，估计也是世间难找，可她内心，不就是这么偷偷祈祷着的？要是儿子离婚就好了……我离开纽约没多久，婆婆就说，'终于轮到我出场了'，很快就去了美国，取代了我的角色，那之后两个人就黏在了一起……"蓝子说。

家庭问题专家说，像慎次这样的家庭，母亲本来就没有放手孩子，是不成熟的母亲，年老之后，老伴又先走了，她想填补心理上的"空窗陷阱"，就会对孩子越发依赖。这样的情况很常见。

"说不定，这位老妇人会比之前更有活力、更有精神呢，把慎次照顾得体贴入微，比妻子还温柔三倍，而慎次也会比分居之前过得更舒服。"

如果真是这样的话，蓝子即便不决定离婚，两个人应该也会一直持续分居状态,和离婚也差不多。

不过,这个案例在别人眼中,似乎找不到决定性的破裂因素,但为什么是蓝子迎来了这样的结局呢?蓝子自己的身上会不会有什么问题呢?同样经手过多个离婚案例的咨询师说:

"说起来,源头在于两个人结婚的时候,没有一起描绘过婚后的生活蓝图,并为之而努力。尤其是丈夫这边,结婚的时候在期待什么,这是最重要的问题。"

咨询师首先关心的是慎次父母的夫妻关系。

在孩子小的时候,往往会通过父母的关系来构筑对"结婚"的印象。慎次的印象是什么样的呢?如果在父母的关系中得到了负面的印象,那慎次很可能对"结婚"这件事本身就不是很向往。

前面也说过,慎次的母亲是大资本家的独生女,是第二个妻子生的,完全是我行我素的大小姐作风。老了也化浓妆、穿花衣裳,是个爱打扮的老太太。

"看起来,这位母亲是从小被宠着长大,但她内心深处,是缺爱的。她爱化浓妆,爱穿戴,否则浑身不自在这一点,就是她需求没有得到满足的表现之一。如果有这样的成长史,带着对爱的强烈渴望,稀里糊涂地走入了婚姻,和丈夫的关系会如何呢……"

事实上,慎次父母之间的关系,确实可以说是"父亲与女儿"般的夫妻关系。父亲对待这位大小姐出身的妻子,像溺爱孩子一样。

"丈夫对妻子的态度是很温柔,但感觉像是,'她就是任性的姑娘,随她吧'。乍一看是爱得深,但反过来想,他其实并没有把她当作妻子对待,甚至都没有当作平等的普通人来对待,他相信,'我看得透她'。但这完全不是爱的关系。如果孩子在这样的夫妻关系下长大,那他对婚姻也不会有正面的印象。"

的确是这样，慎次对结婚、对家庭，都没有积极的期待，他想的只是，"为了银行工作的体面，在信用上也能加分"、"从生活方便的角度来看，是个不错的选择"之类，敷衍了事地结了婚，至于要和蓝子齐心协力，创造属于彼此的小家庭这些事，他从来没想过。

但蓝子不一样，她的原生家庭不富裕，父母关系也一般，所以在结婚的时候，她想得到亲密的夫妻关系。

"丈夫想的是，为了工作更上一层楼而结婚，而妻子想的是，家庭是我的全部。两个人想要的东西完全不一样——这才是这对夫妻最根本的差别吧。"

被外在的价值所魅惑

想在婚姻生活里得到什么，这是经营家庭时最需要考虑的问题，但丈夫与妻子之间却出现了如此巨大的鸿沟——咨询师说，这是两个人在结合之初就埋下的不幸。

这样看来，蓝子主动向丈夫提出分开这件事，是不是从开始就无法避免的宿命呢？

蓝子对慎次的种种表现都无法容忍，他不打算离开母亲独自前行，也不想从出生长大的家里独立出来，两个人总是纠缠在这种扭曲的关系里，蓝子最终绝望了，彻底放弃了建立与慎次之间的亲密心理关系这件事。但是，即便慎次本身不是能独立于父母的男性，是否也有其他的解决方式呢？

咨询师说："如果丈夫受到原生家庭的影响较大，妻子也可以表达自己的想法，'你家是你家，现在你和我在经营我们的家庭'，所以，一开始的理念不合，可能看起来会走向宿命似的分离，但其实这种悲剧可以避免。可是蓝子的内心很自卑，她觉得在经济条件和社会地位上，自己家都不能和夫家相比，没有把自己和对方放在平等的位置上，也不敢强烈表达自己的主张……"

咨询师对蓝子的处境表示格外同情，但又在这一前提下指出，如果她能表达自己，说不定也能让丈夫和她坦诚相对。

然而，蓝子的心被束缚着，她内心的自卑感，让她刻意避开与丈夫平起平坐的对等关系。

"如今社会主流的价值观是单一的，比如大家普遍认为，毕业于名牌大学、进入世界名企、有经济实力的那些人，是出类拔萃的人，是更有价值的人……更可怕的现实是，这种侧重外在的价值观被大众普遍接受……我接触了很多对分手的夫妻，不仅是蓝子他们，给我的一个共同感受是，他们执着于追求给别人看的价值，而不是紧紧拥抱对方，去深入了解对方的人格。坦白讲，这样的人很多。"

咨询师接着说，其实蓝子结婚的时候也是一样，被外在的价值迷惑了，可能她并没有看清楚对方家庭的真实情况。

"她的夫家乍看是很清高的家庭，觉得'我家是富贵人家'，但这种清高的富贵，不过是'金玉其外，败絮其中'。——蓝子没有看破这一点。反而，那些表面物质条件一般的家庭，可能家人的关系还更亲密、更平等，有着能彼此交流的小圈子。这样的事例并不少见。"

事到如今，蓝子回顾往日种种，变得平静而理智。她带着孩子离开丈夫从纽约回国后，以前的好友都纷纷向她伸出援手，蓝子也终于走上了独立的道路。后来，有一个朋友这样对她说：

"我也是现在才敢说这个话，其实你结婚后像变了个人，一味地想做好太太，做金融业精英的好太太……像被金钟罩铁布衫困住了，总处于紧张状态。我们当时看着都很心疼。"

蓝子说，朋友如此真诚的肺腑之言，让她无话可说。

然而，蓝子当时只有二十二岁，她只有一个念想，赶紧离开自己寒酸的家，恨不得立即和喜欢的人在一起生活……恰好这个时候，优秀的男生出现了，还对她表达了好感，春心荡漾、小鹿乱撞，实在是再正常不过的女人心。

没有爱就活不下去

爱是什么，爱一个人是什么样的感觉？

根据数据统计，平均每三分二十五秒，就有一对夫妻离婚，频率如此之高，像吃喝拉撒一样稀疏平常，根本不值得大惊小怪。但如果细究每一对夫妻爱情破裂的原因，就会惊讶于人类的不可思议，甚至有着难以想象的复杂性。采访追踪故事，并不是随性行为，我始终被一种不安缠绕着，像独自在暗夜行路。

"我最近才开始注意到，人类对爱的理解，似乎在出生后六个月到一岁半之间，就打下重要的基础。"

负责分析慎次和蓝子夫妻关系的咨询师这样告诉我。这也刷新了我对人类爱情的认识。最近，在幼儿精神学和心理学领域，关于在孩子中多见的拒绝上学行为和自闭症的临床研究，都有了很大进展。这也让人开始重新审视哺乳期的母子关系。根据这些最新的研究成果——

不到一岁半的婴儿，如果没有外界帮助，不可能独自生存下来。尤其是在不到六个月的时候，当他们用哭泣发出信号时，妈妈能在旁边安抚、哄慰、换尿布、拥抱……都会对孩子今后人格的形成产生重要意义，而且重要性远远超出我们的想象。

"如果妈妈很细腻地处理婴儿发出的'信号'，就会使婴儿的内心产生强烈的安全感，他会觉得妈妈一直守在自己身边，也对母亲产生强烈依赖。这是我们长大成人后人格形成的关键基础。从婴儿期获取的营养成分，渐渐帮助我们成为精神独立的大人。"

如果没有的话，会如何呢？比如换尿布这件事，对婴儿来说，什么时候换，到什么程度换最好，形成了他们最初"原来这样不对"的概念。在这个阶段，孩子在母亲的照顾下获得了充足的安全感，而母亲也成了他们最为依赖的对象。否则，妈妈眼中"不能做的事情"，可能会变成孩子眼中"被妈妈嫌弃的事情"，反而对母亲的执念会更强烈，希望"妈妈不要抛下我"。无论到何时，他们心里都会留着需要被爱的阴影。

到了三岁左右，孩子的活动范围扩大，能从母亲身边"离开"了，当然也能主动靠近母亲。如果妈妈对孩子的"离开"没有做出回应，没有上前"追赶"，也会削弱孩子的安全感和信任感，孩子反而会追在妈妈屁股后面，做出"跟随"的举动。

"自己跑开时妈妈却没有追上来，于是又靠过去——这是渴求母爱的表现。如果妈妈和孩子之间默契互动，不论离开还是黏在一起，孩子都会安心，觉得'无论我做了什么，妈妈都会一直守着我'，这种安心能让孩子自立，从而发展今后的个性。如果没有安全感的基础，孩子就会特别担心：'妈妈没事吧？要是妈妈走了怎么办……'也就很难独立。"

万一很不幸,是那种没有母亲的家庭,或者夫妻双职工的家庭,需要把孩子寄养在其他地方,那这种情况又会如何呢?

"其实并不是没有妈妈就不行,只要有一个能代替母亲角色的人就好。重点是这个人如何与孩子相处。"

"人没有爱就活不下去",我们经常讲这句话,都成了陈词滥调,但只有追溯婴儿的成长规律,才会发现其中的神奇,才能明白为什么孩子不能只靠牛奶活下来。一次次地,因为沐浴着父母爱意满满的关怀,才最终成长为独立的"人"。人类其实真的是"极其脆弱的存在"。

人只有得到了足够充分的爱,才能去爱别人。慎次和蓝子,这一对看起来很幸福的夫妻,却最终走到了分手的结局。当我们去追踪整个过程,才更明白"爱"这件事的深刻意义。

— 冰冷的家 —

丈夫是永不停歇的企业战士

东京家庭法院位于东京霞关，五楼、六楼、七楼的整排房间都是调停室。来这里的夫妻都是因为一方想要离婚，但两个人无法自己协商解决，只好申请调停处理。调停室里除了当事人，还有被称为调停委员的建议人或者中间人，帮助推进沟通，如果双方达成离婚协议，也许就在这里分道扬镳。

敏枝申请了与丈夫胜彦的离婚调停。第一次调停时，敏枝被问到"为什么想和他分开呢？"时，她困惑了。是啊，胜彦的工作很好，在大型意外保险公司做到了管理层，也不是没给她生活费，更没有做过出轨的事情。可她的内心却对他积累了莫大的怨气，如此强烈，怎么都压不下去，快涨到天上去了。虽说这感觉自己清楚，但应如何与外人、与调停委员解释，他们才能理解自己呢——敏枝词穷了。

"这种事，不是一说出来就能明白那么简单的，也不是一两句话能说清楚的，那个时候真的被问住了……可是，女人的心理，究竟要怎么表达呢？"

敏枝说，在长年累月的夫妻生活里，她对丈夫的怨气是一点点积累起来的。每件事情单独看都不严重，像被风吹散的柳絮那么轻，可等意识到的时候，已经变成了铅块那么重，死死堵在胸口——无论怎么想挪开，都挪不动。感情荒凉至此。

听了敏枝的话，我不禁想起负责蓝子案例的心理咨询师的话。蓝子在堕胎和生孩子、流产的住院前后，丈夫慎次一次都没在医院出现过，这种事不关己的态度十分伤人。

"从丈夫的角度来看，他觉得自己很忙，况且去不去医院也没什么大不了，又帮不上忙……话是没错，妻子被这么一说，也不好反驳什么……话归话，但这是男人的思维，做妻子的心里都希望对方能给自己哪怕一点点的体贴，就像除法还有'余数'呢，可他们连这一点余数都不愿意给……对丈夫的怨恨就这样产生了。男人有很多理论说教妻子，就像除法可以除尽，但女人却因为得不到'余数'，长期积累的怨气最终变成了怨恨，不知不觉间……"

原来如此，这么分析的话，或许每个家庭都有一点点积攒起来的"余数"。

咨询师顺着这个方向，从更大的视角解释说：

"男人们喜欢讲道理，试图省点力气来获得最大收益，不觉得有点像他们说的做企业的理论，或者是经济理论吗？所以现代社会的繁荣背后，在很多我们看不到的地方，有无数女性的感情被无视，像除不尽的'余数'，和经济的发展一样，这些感情也在以猛烈的势头，不停加速运转。"

蓝子的丈夫慎次是这样，胜彦也是如此，他们都是奋战在企业战争前线的精英，却看不到妻子心中的痛苦。

生活环境相似，连爱的方式竟也如此相似——看到慎次与蓝子、胜彦与敏枝这两对夫妻的曲折经历，我不禁有些惊愕。

II 妻子抛弃丈夫的时刻

邂逅是这样开始的。

那是昭和三十三年（1958），全民为皇太子的婚事——一场诞生于轻井泽网球场的爱恋——而沸腾的年代。那时在日本年轻姑娘间，掀起了网球的热潮，甚至被称为美智子①热潮。

当时，敏枝和胜彦先后入职了同一家保险公司，又同属一个私立大学和附属高中的同学会。两人在一次聚会上初次相逢时，很巧合地发现两人都同属公司的网球俱乐部，因缘际会而有了交集……此后一系列爱恨情仇的剧目，也就此拉开帷幕。

请你们远离她

和胜彦熟识后，敏枝依然和公司里的年轻人一样，过着快活的白领丽人的生活，每隔一段时间，不是去海边，就是去滑雪……

"每次都是我们这群人，基本上是集体行动，但如果去海边开摩托艇，就会分成一组一组的，好像大家默认了把谁和谁分在一起，都是相互间暧昧的一对对。胜彦也在这群人里，但当时和我一组的并不是他，而是另一个男生。但是……"

敏枝现在记不太清楚了，但好像是和胜彦认识了几个月后的事情。有一天，他聚集了经常一起玩的那群人的男伴，突然发表宣言。

---

① 指明仁皇后美智子。原名正田美智子，是日清面粉名誉会长的长女。1958年与当时还是皇太子的明仁相识于轻井泽的网球场，后嫁入皇室，成为第一位平民皇后。

"我也是后来听别人说的,胜彦站在大家面前,说:'我喜欢敏枝,我打算和她结婚。如果你们没有这样的想法,还希望你们远离她……'说得很严肃的样子,其实我当时和谁都没有交往。所以大家都是一副'哈?'的反应,心想,搞什么,突然来这么一出……随便啊,随你喜欢……"

当时,敏枝住在神奈川县,每天搭电车和地铁去东京的丸之内上班。胜彦从发表宣言后的第二天开始,每天早上都会出现在敏枝换乘的站台。

其实这个方向和胜彦住的地方相反,但只要敏枝固定时间站上月台,胜彦就会不知从哪里冒出来,一直跟她到公司。

"我经常和女同事一起,有时候两个人走到一半,一回头,女孩子吓了一跳,'天哪,他还跟着呢!'人家只好自己走了……我一开始觉得很烦,就急匆匆跳进别的车厢。"

胜彦的这些举动,不仅被周围的朋友津津乐道,还传到了敏枝工作的部门。敏枝觉得很难为情,但胜彦倒是丝毫没有认怂。

"伏击"了两个多星期后,敏枝的父亲过世。胜彦不知道从哪里得到的信息,还从敏枝的女性朋友那里问来了地址,飞速赶去敏枝老家,还帮着守夜。

通常来讲,年轻女职员的家人葬礼,公司最多会派同部门的直属上司,最多一两个同事来列席告别仪式,只有最亲密的朋友才会陪着守夜。但胜彦既不是同一个部门,也不是关系有多密切,但他竟然办请假手续,还参加了隔天的告别仪式,上了香。

"他这样做,让我家人,包括在场的公司同事都难免多想,'咦,关系这么近啊……'我百口莫辩……告别仪式结束后,他说不熟悉去车站的路,我妈妈还体贴地对我说,'你去送一下吧……'"

到了车站，他问敏枝要不要一起喝杯茶。

敏枝前一天晚上累坏了，也想喘口气，就答应了胜彦的邀请，去了车站附近的一家咖啡厅。

"那时候才是两个人第一次单独坐在一起。具体聊了什么，我一点印象也没了。因为父亲去世对我的打击很大，虽说我家是三姐妹，但我和父亲的关系最好，我很喜欢他。父亲走的时候，我还不到二十岁，特别难过……当时，我对胜彦谈不上喜欢或者不喜欢，但现在想起来，在那种情况下，他的沉着冷静，让我一下子有了好感……"

当然，年轻的敏枝也没有想到，胜彦如此积极主动的示爱方式，也暗示了今后夫妻关系的走向——

好像在陡坡上翻了跟头

"对他，说不上多喜欢，但也不讨厌。他爱打扮，注重形象。一群人在一起，他通常是那个喜欢装傻逗大家开心的人。我本来就不喜欢太内向的，我丈夫也算是外向活泼的类型……"

面对胜彦热情主动的追求，敏枝一开始觉得困扰，但也不至于厌恶，后来这事在全公司闹得沸沸扬扬，胜彦就这么一点点拿下了外部大局。

"周围的人肯定不会问我的感受，反正在大家眼里，我们俩理所当然地成了一对儿，总有人起哄，后来慢慢成了连结婚都敲定了……我自己也考虑着，他工作不错，学历也高，好像挑不出什么毛病，现在想想，有点太天真了……"

后来他们顺理成章地举办了婚礼，招待了公司领导和亲戚们。

之后，胜彦和敏枝的朋友们聚在一起，又开了个AA制的庆祝派对。年轻人经常这样做，把新郎新娘围住，拿准备好的问题刁难他们，像开记者发布会一样。

"我之前在公司的秘书部工作，通常大家会觉得秘书部的女孩子高不可攀，也挺难搭话。于是就聊到'请新郎告诉我们，攻陷敏枝的秘诀哦'，然后他很认真地说：'只要一直、一直、一直穷追不舍，就没有追不到的女孩子'……"

按理说，胜彦算是好不容易才梦想成真，可进入新婚生活后，他之前执着的热情竟挥发成了昨日旧梦，态度发生了一百八十度的转变。

蜜月旅行回来不到一个星期，胜彦就迅速回到了上班状态。之后每天都是深夜才回家，打碎了敏枝的天真幻想。

之后迎来了大儿子的出生。

胜彦算是很独立的丈夫，也可能是小时候妈妈管教严格的影响，他连内衣袜子这些都自己买，什么事情都可以自己做，完全不需要操心。反过来，敏枝是那种"酱油瓶倒了都不会扶"的人，家务以前也几乎没怎么做过。

但孩子出生后，敏枝还是忙得焦头烂额，胜彦倒像没事人一样，也不抱孩子，连尿布都没换过一次。敏枝以为丈夫对孩子就是这么冷漠，直到有一天，公司前辈的太太给她打了个电话，着实惊到了她。

"胜彦在家里好像不认识孩子一样，结果去拜访前辈家的时候，竟然给人家孩子换尿布，还逗孩子玩儿，人家太太感激得不得了，我听得目瞪口呆，简直要怀疑自己的耳朵。"

敏枝到现在都忘不了，大儿子刚学会走路时候的事情。那天胜彦很罕见地早早回到家，孩子看到爸爸，摇摇晃晃走过去，他白天才刚会走几步，想让爸爸抱。

"结果我丈夫竟然说，'啊，不行不行，把我西服弄脏了'，说着就把孩子赶到一边去。那一刻，我好震惊，有种从陡坡上轰轰隆隆滚下来的感觉，他和婚前太不一样了。"

和之前出场的慎次一样，胜彦也经常把公司的文件带回家，做无偿的加班工作，尤其是周六周日，一大堆资料抱回来，周末基本在书桌前度过。

"我家本来就小，孩子难免撞到书桌，或者是碰到资料什么的，他就会大发雷霆。所以他一工作，我就带着大儿子，抱着小一岁的小儿子，去家附近的公园打发时间。"

只是忍耐这样的事情，还不至于动摇基本的夫妻关系，后来敏枝开始和胜彦的父母一起住，又增添了新的烦恼。

"我婆婆是那种极其节俭的人，连一根葱都要从葱头吃到葱尾，一厘米都不浪费。我每次扔一点点，她都会从垃圾箱里捡回来，还继续吃……"

不会关心人的夫家人

正因为胜彦母亲的"毫不浪费"，她对敏枝做家务稍有看不顺眼的地方，就会指指点点。

那时候，胜彦每个月会从工资里拿出一部分钱，交给母亲作为生活费支出。但家里是敏枝做饭，为了准备一日三餐，她从婆婆那里拿钱买菜。可是，就连这种小事，也会招致婆婆指责。

"比如说买鱼块，我想着孩子们分吃一块，不够的话再把我那一块分给他们，所以就买两块，但有时候，两个孩子连一块都没吃完，我婆婆就会非常生气，说太浪费了……最后让我们母子三个人凑合着吃一块，不让多买……"

胜彦也在同一张餐桌上，却什么都不说，还淡定地吃着比别人多了好几倍的东西。婆婆一副理所当然的模样。那一刻，敏枝第一次对这个家族产生了反感。

"面包上长霉了，我婆婆也要说，'这太可惜了，吃了吧'。说完还真的让我公公吃，我们也不可能视而不见，只好闭着眼睛吃下去，她看着，也淡定地吃起来。"

进入二十世纪六十年代，日本刮起了家用电器的浪潮，家用电器普及到每个普通人的家里。敏枝当时的嫁妆里就有一台洗衣机，婆婆却说"用洗衣粉太浪费了"，一直不让用。

敏枝的小儿子比大儿子小一岁，有时候两个孩子一天的尿布就要洗十多条。用不了机器，敏枝索性在澡盆里手洗，结果又被婆婆说，"太脏了，不要在这儿洗"。

"当时，房子附近还有水井，寒冬天里我也是抱着孩子，用盆打井水洗。都六十年代了，这在东京是很稀奇的事情。"

婆婆是明治时代的人，她觉得这没什么大不了的，当然她本身也没什么恶意，可是与这样的婆婆打交道，敏枝都快神经衰弱了，体重骤降，瘦到了四十公斤。

敏枝妈妈知道后，考虑到女儿的处境，也不敢闹大，只是时不时跑来敏枝家附近，趁敏枝出来买菜的空当，两个人约在婆婆不容易发现的地方见面。如此偷偷摸摸着实令人唏嘘，可哪个当妈的不担心女儿……

"带着孩子离开吧……每次见面就这样说,然后请我吃好多点心,又请我喝茶,反正什么都担心。但是,我一直在看表,担心着时间……后来妈妈才告诉我,她发现我眼睛看着没神,觉得有些奇怪,很是担心。"

眼睛总是飘忽不定,很明显是生活状态太累了。可胜彦和敏枝生活在一起,完全没有留意到妻子的辛苦,一如既往地半夜才回家。

就在那个冬天,邻居家半夜发生了火灾。那天和往常一样,一家人泡完了澡休息。敏枝夫妇在二楼的卧室里睡觉,睡得很沉,突然被公公的叫喊声惊醒。一看窗外,已经烧成火海,敏枝来不及多想,抓到手边的衣服套在睡衣外面,把小儿子绑在背上,抱起大儿子光着脚就跑了出去。

"'哎?爸爸呢?'等火势弱下去,大家才松了口气,却没看到胜彦。望了一圈,发现他竟然不是穿着睡衣,而是西装革履,西服还是最贵的那一套,大衣、袜子、皮鞋、公文包……穿戴得整整齐齐地站在那儿。在这么危险的情况下,我只担心孩子,根本不关心那些身外之物了。他倒好,对睡着的孩子一点也不操心,一个人跑到衣帽间,把自己拾掇好。竟是这种人……"

强势的婆婆

这个人究竟在想些什么,他到底是什么样的人——敏枝怀里抱着两个孩子,傻了。她觉得自己和丈夫就像两条平行线,不得不重新审视起胜彦的内心世界。在和公婆朝夕相处的生活中,她也终于感到了疲倦。

"我的脑袋好像被堵住了,很想用什么东西把它敲碎——我每天都想些乱七八糟的事情,甚至还认真想过,去做小偷,让警察把我抓起来……"敏枝说着。

火灾那晚的事情只是冰山一角,胜彦平时也是一样,无论发生什么事,他都对妻子和孩子漠不关心,连眼睛都不眨一下——敏枝真的很好奇丈夫的性格究竟是怎么形成的。

胜彦的父亲芳藏来自日本东北地区的农家,是家里的第三个男孩,从高等小学毕业后,一个人去了东京,一边做住店打工的服务生,一边努力学习,后来去了东京都官厅做事,但直到退休,也不过是爬不上去的小公务员而已。

母亲多津是东京本地商人的女儿,家里开了个卖茶叶和海苔的小商店,通过做生意的中间商介绍,和芳藏相亲结婚。

一个来自东北农村,一个是东京本地人……出身的差距像电视剧情一样悬殊,芳藏不善言辞,只知道哼哧哼哧埋头做事,老实巴交、勤勤恳恳;多津就不一样了,好胜心强、总想出人头地、擅长社交……夫妻俩形成了彻头彻尾的对比。

胜彦上面还有三个姐姐,他是家里的独男,所以从出生那刻起,就注定了是特殊的存在。胜彦的一个姐姐说,妈妈特别重男轻女,而且肆无忌惮,全家人都吃煮青花鱼,只有胜彦一个人吃高级牛肉。

敏枝说,多津并不算是很会照顾孩子的母亲。在胜彦还小的时候,一家人住在东京老街区,多津负责当地社区的妇女会,又参加PTA,基本上没在家里待着。

"有一次,胜彦很偶然地提起他童年时代的事情,说他妈妈几乎不做家务，因为基本不在家，也没给他做过带去学校的午餐便当，都是他自己在小商店买回来罐头食品，再装进便当盒带到学校，所以他一直很向往所谓的家庭味道。"

敏枝听了胜彦的话，不禁想起她第一次拜访婆家的事情。昏暗的厨房灯，脏兮兮的灶台，让人不禁揣度上一次用该是多久之前了，像被卤煮过的抹布也被胡乱丢着。这场景敏枝至今记忆犹新。

敏枝说，别看胜彦对妻儿的生活不关心，他对自己的事情倒是很上心，连内衣和袜子都自己买，自理能力极强，也可能是青少年时期养成的习惯。不过，母亲多津放任孩子的日常生活，对孩子的未来却有着不一般的要求，从不落于人后。

"我记得婆婆很明确跟我说过，胜彦从小到大，甚至是找工作，都是自己一手给他铺好的路，亲力亲为……"

说是在胜彦小学的入学典礼那天，多津在典礼结束后，一个人跑去了校长办公室。

"我家孩子今后六年就拜托您了，务必让他做优等生呀，我希望他能考上东京大学。我会为此而拼命努力，校长先生，还请您多多关照！"

说着她就把一升装的清酒，"咚"一声放在了校长的桌子上……直到现在，多津还常拿这事吹嘘。

胜彦进入小学后，她忙前忙后地为PTA奔波操劳，终于做到了会长。还好这个独男也不负母亲的殷切希望，像当初约好的一样，六年里都是优等生，毕业典礼时，还作为毕业生代表光荣发言。

中学时，胜彦进入了竞争激烈的国立大学附属学校，在这些从一开始就瞄准了光辉前途的孩子里，胜彦的战斗也拉开了序幕。

// 妻子们的思秋期

为了儿子找工作奔波

虽然小学时代没有辜负母亲多津的期待，算得上出类拔萃，但到了国立大学的附属初中和高中，胜彦又回到了不显眼的普通人行列，最终也没考上东京大学，多津算是赌输了。

后来她不放弃，鼓励儿子复读一年，第二年依然锁定东大，结果还是不行。后来高中老师建议，不如保守点选个私立大学，多津虽然不太情愿，也只能答应了。

到了儿子找工作的阶段，多津也特别积极。招聘季临近，她动用各种关系，帮胜彦找了电器公司管理层的人帮忙，最后还真收到了录用通知。

但与此同时，胜彦也参加了现在工作的保险公司的面试，虽然晚了一步，也收到了录用通知。多津立即舍弃了托人找的工作，让儿子去了超一流的大公司，因为工资更丰厚。

"按我婆婆的话说，帮忙找工作的人关系并不是很近，是熟人的熟人，但她知道对方的名字后，立即买了礼物去拜访，低声下气地拜托对方关照她儿子，务必要在公司出人头地……所以胜彦从小就是按母亲铺好的路在走。"

胜彦一直身处于母亲的掌控之下，也始终背负着母亲的巨大期待。和敏枝结婚，算是他第一次敢于反抗母亲的控制。所以多津不欢迎敏枝，也是有原因的。

面对胜彦展开的热烈求婚攻势，敏枝招架不住，最终点头同意。很快两个人安排了双方父母见面。前面也提到过，敏枝的父亲已经过世了,她陪着母亲参加了初次会面。但多津在餐桌上,立即表现出不满,这让母女俩着实吃了一惊。

"我家胜彦已经决定好的事情,我也不好说什么了,但是我真没想到,胜彦竟娶了个单亲家庭的姑娘……"

第一次见亲家,多津就这么嚣张,而她丈夫芳藏只是在一旁默不作声,安静地吃东西。敏枝的妈妈回去后,一想起这一幕,就忍不住掉眼泪。

但敏枝说,其实在结婚后,多津并不是那种不舍得对胜彦放手的母亲。

"婆婆是那种只顾自己的人,所以她只想做一个精英的母亲,儿子在一流企业工作,可以成为她达成目的的道具,只要能满足这一点,媳妇啊孙子之类的都无所谓……她给我这样的感觉。"

之前有一点让我费解,多津为什么如此执着于让胜彦往上爬呢?听了敏枝的话,我推测,是不是因为多津内心对芳藏有芥蒂,而在芳藏与多津的关系中,也埋下了胜彦性格形成的原因。

"我不是很确定上了年纪的夫妻之间还有些什么,但好像他们有着存在已久的怨恨。我婆婆对公公特别冷漠,以至于我都在想哪怕我公公在外面有了女人也怪不得他……不过这话也只在这里说说。"

敏枝说她公公去世时,死得很凄惨。老爷子退休没多久便突发脑溢血,随着年纪增大,后来几乎在家卧床不起。大概是三年前的夏天,他不小心得了感冒,情况不太好,但多津还是跑出去了,把他一个人留在家里。等多津再回来的时候,老爷子已经断了气,走的时候身边一个人也没有。

"我们突然接到消息,急忙赶过去,公公病了这么久,看起来真的是没有被好好照顾,盖着湿嗒嗒的被子,睁着呆滞的眼睛,好像死不瞑目,看着实在可怜。因为咽气的时候旁边没有人,搞得警察还要来确认死因,连守夜也耽误了……"

看不起老实懦弱的父亲

虽然公公不是亲生父亲,但敏枝很尊重他。住在一起的那段时间,敏枝的两个孩子还在用尿布,她每天被家务和孩子缠身,手忙脚乱,婆婆又经常出去玩不在家,反倒是公公帮了不少忙。

"后来分开住了,我也常常带着孩子回去,他会偷偷给孩子买点心,我临走的时候他还给我塞钱,说'拿去给孩子花'。有时候也瞒着婆婆,自己跑来看孙子,真的是心地宽厚的人。"

但多津对芳藏从来都是冷眼相待。突发脑溢血后,芳藏被送到了家附近的医院抢救,在医院住了三个月左右,一开始昏迷不醒,挣扎在死亡线上,但多津几乎没有在病床边照顾,都是敏枝和其他人轮换着整夜看护。

敏枝说:"我婆婆偶尔才来医院,还是为了拿走别人探病的礼物。我丈夫告诉她父亲的状况很危险,但她还是一个月来一次,我感觉婆婆和她的儿子好像不约而同地抛弃了公公……"

因为一起生活过,又目睹了这一家人的内部关系,敏枝知道,从胜彦还是孩子的时候起,多津就瞧不起自己的丈夫,无视他,对他不闻不问,反过来一心只扑在儿子身上,抓得很紧。强势母亲和被过度保护的孩子,这类故事在当下的现实和文艺作品中都很常见。多津的案例让我想起了安冈章太郎的《海边的光景》[1]，为此我也咨询了家庭病理学的专家。

这部小说中的母亲滨口千佳，从结婚起就对身为职业军人的丈夫信吉极度厌恶，还对年幼的儿子信太郎说：

"哎——我连相亲的步骤都没有，直接去结婚了。婚礼那天，我看到一个人远远朝我走过来，圆圆的头，头顶青青的，脖子细细的，从和服领口伸出来，像小乌龟一样，我还以为是寺庙的方丈呢，毕竟是在乡下举办的婚礼，谁知道这个人居然是新郎，我真恨不得当场逃婚跑掉……"

千佳对婚礼当天的这一幕念念不忘，跟信太郎说了"千千万万遍"。信太郎也一直被当成襁褓里的婴儿一样被溺爱，因为千佳试图让儿子和自己成为一体，以转移对丈夫的厌恶和不满。但结果，儿子一直不能独立，直到母亲病死在精神病院，他才终于找回了自己……

这部以悲剧收尾的作品，在日本的知名度极高，而且是基于作者真实的经历，描述了他对母亲的爱恨情仇。

专家说，母亲千佳算是现代"过度保护主义"母亲的典范，轻视丈夫，把一切都赌在儿子身上，多津看起来与之如出一辙。在这样的背景下长大，信太郎不把父亲放在眼里，甚至对父亲的职业感到耻辱，而胜彦也是一样，虽然父亲老实厚道，但职业上一直升不到高位，在儿子这里也被冷眼对待。

---

[1]《海边的光景》：指1959年，作家安冈章太郎因母亲之死受到触动后而创作的长篇小说。该作品通过主人公浜口信太郎的回忆展现了第二次世界大战前后他们一家的生活状况，是一部描写家庭生活的小说。

"母亲不停抹黑父亲的形象,儿子就会想'我不要成为这样的人……',同时,母亲又一直施压'不要输给别人',在儿子心中就不知不觉地形成了拼命努力的生存准则,好像被什么追赶着,精神状态始终像开车一样高速运转,不能停歇。为了达到目的,身边所有人都可以成为工具……"

如何培育情感能力?

小说《海边的光景》中的主人公千佳,过度保护孩子,嫌弃丈夫,为了填补内心空缺,一心溺爱儿子,始终把他当作小孩子攥着,不肯松手。

胜彦的母亲多津嫌弃丈夫芳藏,瞧不起他,冷落他,这一点和千佳完全一样,但她对胜彦却没有表现出那么执着的关爱。

"多津这种母亲,她自己的感情都不健全,在她这里从一开始就不存在什么不能对孩子放手,因为这需要情感能力的培养。"专家这样说。那什么是"情感培养"呢?

前文也说过,人之所以为人,是因为有感情,这种感情从婴儿出生到三岁左右,通过与母亲的情感接触打下基础。

"比如,尿布湿了不给孩子换,或者孩子肚子饿了,'哇哇'地哭,但不到喂奶时间,所以不管他……这些处理方式都无法让孩子感受到妈妈爱他。婴儿不能理解语言,只能通过母亲细致入微、小心翼翼的照顾,感受到'这个人可以为了自己奋不顾身',感受到'奋不顾身的爱'。而这种爱,就是'情感培养'。"

如果母亲自身都没有健全的感情管理能力,那她也无法向孩子传达出"奋不顾身的爱",这也会影响孩子的内心成长。被这样的母亲教育长大的孩子,不知道什么是人与人之间的心灵相通,也不会明白,拥有亲密关系对人生来说是多么重要、多么有价值的事情。

不仅如此,母亲自身感情不成熟,就会把孩子当作工具来填补欲望空白,而不是构建与孩子的内心沟通,于是孩子也不会与其他人做深入交流,在他眼里,别人也是自己的工具……

把专家的话套用在多津和胜彦的情况上,大部分都很贴切。可这对母子,究竟把情感安置在何处了呢?

在敏枝和胜彦的离婚调停现场,调停委员们听了申请理由后,觉得敏枝陈述的都是极其琐碎的小事,不像出轨这类原则性问题。就因为这些小事对丈夫积攒出如此巨大的不满,实在不能说服委员。但他们不知道,这些碎片虽然细琐,却像锋利的刀片扎在敏枝的心里。

"我始终想不通那件事,再怎么冷漠,是个人的话好歹也是有感情的吧?但我连这一点也忍不住怀疑……"

敏枝说的"那件事",是五年前她因为乳腺癌住院做手术的事情。幸好发现得早,不太严重,但胜彦的表现,让敏枝萌生了离开他的念头。

"从做检查,到确诊是乳腺癌,都是我一个人跑医院,但住院手续,还有家里的事情,很多还需要我操心。我和妹妹、妹夫说了后,他们很热心地跑前跑后,住院那天早上,妹夫还专门和公司请了假,开车来家里接我,送我去了医院。"

敏枝当然从一开始就把事情一五一十地告诉了胜彦,也请求过他的帮助,但他没有表现出想要帮忙的态度。住院那天的早上,妹妹、妹夫来接的时候，胜彦还一起上了车。

"车子开到市中心时，他突然说：'我在这儿下吧，今天还要开会，麻烦你们了……'说着就走了，之后也没来医院。如果说真的是很重要的会议，抽不出时间，那也要和妹妹、妹夫好好道谢，郑重其事地说一句'拜托了'才对吧，虽然是亲戚，但这是起码的礼节呀……"

这之后，还有更痛苦的经历等待着敏枝。

无法原谅你的态度

敏枝顺利地做了手术。出院那天，按照医生的吩咐，她一个人收拾东西回了家。到家后她筋疲力尽，没了力气，就躺在床上休息。丈夫和孩子还没回来，虽然心里想着得准备晚饭，但实在没精神。偏偏那天，胜彦罕见地早早回了家，看到餐桌上空空的，发了通脾气。

"对不起，我没去买东西，电冰箱里也是空的……但可以做些寿司，你等一下……"

"寿司，我中午吃过了。"

"那我煮些乌冬面吧？"

"面条啊……我们家还有乌冬吗？"

"应该还有吧……"

说来说去，敏枝最后还是强撑着站起来，在厨房里忙活起来。

饭做好了，胜彦"呼哧呼哧"吃得津津有味。敏枝站在一旁，想着手术前前后后，这个丈夫究竟为自己做了什么呢……想着想着悲从心来，何况，住院费的事情还没商量呢……

"检查费和手术费还没交，这个月的开销挺大的，还有住院的时候妹妹照顾我和孩子，也得给他们一些礼钱，你能不能出一部分呢……"

胜彦每个月只拿出工资的一部分给敏枝，这部分不仅要负责家庭开支，还包括孩子的教育抚养费和红白事的人情礼节。但胜彦除了工资还有奖金，这些敏枝从来没有用过，都是他自己支配。这一点让在场的调停委员们也大吃一惊。

如果某个月入不敷出，找丈夫又拿不到钱，敏枝也没办法打肿脸充胖子，虽说是大公司职员的家属……所以哪怕只有一点点工资，敏枝也坚持打些零工。她说，胜彦对家里的情况不是不知道，但他不管不顾，自己的高级白兰地酒倒是从来没断过。

但生病住院是突发状况，敏枝天真地以为，胜彦不会把这笔钱纳入家庭支出中，但结果让人心寒。

"这个钱，应该从我给你的部分里拿出来吧。再说，麻烦你妹妹什么的，又不是我拜托的，是他们心甘情愿的。如果是你拜托了他们，被照顾的也是你，礼金应该你自己出。如果拿不出来，一开始就不要麻烦别人。自己搞的事情，回过头让我给你擦屁股，这样不合适吧？"

"你这说的什么话，先不说手术费什么的，你这样的态度也太过分了。说什么没有拜托妹妹、妹夫……他们这么担心，还专门请假过来帮忙，你这样说，谁也不能接受吧？如果你这么想，我以后没法和你继续生活下去了，我也不想孩子有你这样的父亲，我真的是受够了！"敏枝哭着说。

"搞不懂你说什么……"

胜彦扭过头，读起了晚报。看着胜彦的侧脸，敏枝忍不住想起住院那天早上的心寒，即便想和胜彦沟通，她也深深陷入了绝望，"可能和这个人说什么都无济于事……"

那天晚上开始连续三天，夫妻俩一句话也没说，一直到第四天早上，胜彦出门上班之前，把一沓一万日元和一千日元的纸币，卷成一团，丢到餐桌上，敏枝坐在餐桌边，默不作声。

"怎么，不需要吗？"

"当然需要！但为什么要扔给我！我又不是要饭的！是，生病怪我，但我就应该被这样对待吗？等我有钱了，一定还给你！"

从那一刻起，敏枝开始认真地考虑要离开胜彦。

没有尽头的性之荒野

两个人争执间，到了胜彦出门上班的时间，他急急忙忙走了。桌子上，是胜彦丢下的现金，像是扔给动物吃的饲料。敏枝呆呆站着，没了力气，沮丧至极。

这个人真的有感情吗？我为什么会成为他的妻子？今后还有几十年，难道我要继续经历这样的悲惨遭遇吗……敏枝不禁害怕，和胜彦一起生活了这么久，可想想他在自己住院、动手术这期间，表现出的冷漠态度，让人感觉自己不过是跟他擦肩而过的路人而已。

敏枝在绝望中过了一天，到了晚上，胜彦和往常一样，过了深夜十二点才到家，但敏枝再次受到重创。

"是不是男人不把这些事情当回事？已经三天没说话了，胸口堵得很，根本还没化解开，结果他居然若无其事地要亲热。我怎么也没心情，一口回绝了。结果他说：'怎么？还计较呢？我不是已经给你钱了吗……'我听了这话，恶心得鸡皮疙瘩起了一身……"

那晚，敏枝连和他睡一张床都受不了，在餐桌边坐到了天亮。

敏枝说，她和胜彦的性生活原本就十分糟糕。

记得新婚没多久，敏枝的妈妈来看小两口，住了几天。当时住的是公司宿舍，三个人只能打地铺，睡了个"川"字，但胜彦那天晚上完全不顾及旁边还有母亲，竟然强迫要求亲热，敏枝吓得缩成一团。

虽然是很久之前的事情了，但敏枝现在还记得很清楚。因为胜彦当时不分轻重也不讲场合，那股近乎恐怖的蛮劲，深深伤到了敏枝。

生完大儿子没多久后的一个晚上，敏枝被伤得更深，一说起那个场景，敏枝就痛不欲生。

"大概每个女人都知道，刚生完孩子身体有多不舒服，毕竟那么大一个孩子从身体里出来。我当时还有撕裂，缝了好多针。那天我刚拆完线，还在出血，伤口用胶带贴了纱布。医生交代了一个月内不能有性生活，关键是，也没那个心思啊。但他非要做，我说了不行不行，他还是强行按住我，还解开了我的绷带……"

果然，出了好多血，敏枝疼得不行。

"如果还有爱情，怎么也不会这么做吧，哪怕动物也做不出这样的事。再怎么有欲望，也不应该……但他为了满足自己的欲望，可以不顾一切用尽各种方式。这件事，在我决定离婚之前，对谁都没有说过，实在是太难过了……"

那晚的痛苦回忆，一想起来就心口作痛，但敏枝决定一吐为快，继续说：

"他不仅仅是性生活很自我,所有事情都这样。但说实话,怎么说好呢,我完全不知道,性这件事究竟是不是快乐的事情。我只知道,我每次都是迫不得已,随他怎么喜欢怎么来,我只想早点结束……从头到尾我只在想这个。从我们结婚到现在,一直是这样……"

敏枝的这种感受,让胜彦更加焦躁,回到日常生活里,他就更苛刻地对待敏枝,而这种薄情又让敏枝更心寒——于是两个人陷入了恶性循环。

与胜彦在一起的人生,大概只剩下荒凉的性吧,没有尽头——这种想法扎入敏枝的脑海,挥之不去。

黑洞般的寂寞

敏枝至今也说不清楚,究竟是哪一刻让她下定了决心要和胜彦分开,似乎是慢慢地、一点一点地,在心里发生了地动山摇。

"打个比方,在厨房做饭的时候,菜刀不小心切到了手指,会'啊,好疼'地叫起来,这时丈夫是在旁边关切地问一句'怎么啦?',还是置若罔闻、毫不关心,结果完全不一样。看起来很小的事情,但对女人来说很重要。或者说不只是对女人,而是人只要活着,就需要这些细微的关心,像需要空气一样……"

敏枝说,胜彦不只缺少对妻子的关心,连生活在一起的孩子也不上心。孩子什么时候感冒了,什么时候好了,他一概不知。有时候敏枝身体不舒服,夜里去好多次卫生间,他也不会嘘寒问暖。

"如果不是原则性问题,女人不会选择主动离开。可每天生活在一起,这些别人眼里微不足道的小事,日积月累,会越滚越大,绝不会轻易消失。"

敏枝回顾这一段心路历程时说,空虚感、绝望感都是不知不觉加深的,也许这背后最大的推动力,还是性的问题。

"从一开始就不和谐,可能是我和他的性格不合……我也没有想太多。再说,对于性我知道的也不多,只要丈夫满足,我也无所谓,性生活不过就是这么回事,我不喜欢……我一直这么想。不喜欢做,偷偷流过不少眼泪,觉得自己像个工具,太可怜了……基本上是这样的状态,从来没敢想过性是很重要的事情,通过性的交流,人才能活下去。

"直到很后来,我开始认真考虑离婚的时候,和朋友聊起这个话题才知道,无论对于男人还是女人,性都是重要的事情。因为性的结合,夫妻感情才一年年加深,也是因为这种结合,才不会因为一点点矛盾就土崩瓦解。那时我才明白,我们俩一开始就没打好这个基础。

"回顾我们的夫妻关系,其实不仅是性生活,其他时候也一样,我不过是他的一个摆设,被他当作一个工具在用……但无论我怎么和他沟通,他都一味说,我没什么不好,你到底对我哪儿不满意……他好像没有为此而痛苦。"

敏枝与胜彦之间,始终缺少一条可以沟通情绪的桥梁,敏枝终于感到了绝望,被无边无际的孤独包围着,好似无间地狱[①]。

胜彦的父亲芳藏去世后,在葬礼结束那天,敏枝明确告诉胜彦,她决定离婚。

---

① 无间地狱:也叫阿鼻地狱。"阿鼻"是梵语音译,"阿"翻作无,"鼻"的意思是间,意译后就是无间。意思是永受痛苦,无有间断。

在胜彦的原生家庭里,芳藏是唯一一个关心她、对她好的人。而且他一早就察觉到敏枝和胜彦之间的不和,还瞒着婆婆多津,常常关心她,安慰她。

敏枝也清楚,婆婆和丈夫都看不起公公,对他很冷淡,所以两个人不免有同病相怜的感觉,如果她离开这个家,心理上难免过意不去。然而,公公一走,她心里的那份歉疚也就没了。

当敏枝发生心理巨变时,胜彦正疲于奔命,一心一意努力往上晋升。同期入职的二十五人里,他是最早当上课长的人之一,就在敏枝告诉他要离婚的时候,他刚结束分公司职务,准备赴任总公司的核心管理岗位。我不禁好奇,拼命三郎胜彦的心理构造又是怎样的呢?

隐藏内心空洞的拼命三郎

休息日在家里时,胜彦从不听音乐,或者读小说。敏枝的记忆里,胜彦只入迷地读过山冈庄八①的《德川家康》系列,就是白领们必读的那种,其余就是关于金融、企业经营类的实用书,也是因为工作需要。没有其他业余爱好,唯一能吸引胜彦的是麻将。

"一年三百六十五天,他可以保持两百八十九天打麻将的记录,因为他在手账上记得清清楚楚,绝对准确。工作日只要没有加班到太晚,几乎每晚都打,如果是星期五晚上,则会通宵打一夜,

---

① 山冈庄八(1907—1978):本名藤野庄藏,日本著名历史小说家。代表作有《织田信长》、《丰臣秀吉》及《伊达政宗》等。

星期六中午才回家，睡一觉起来又出门，星期天早上才回来……一直是这样，好像牌友也是轮换着的。"

听说他在公司内部也是出了名的专业水平，以至于曾经有一个周刊杂志策划"我们公司的麻将选手"特辑时，只接受知名大企业的推荐，胜彦被公司同僚一致推举为最佳候选人。

胜彦打麻将已经不是爱好这么简单了，而是有近乎上瘾的倾向。这也可以作为一条线索，来窥探胜彦的内心世界。

胜彦的母亲多津不把丈夫放在眼里，取而代之，儿子成了多津最大的赌注，为了胜彦的每一步跨越，她都不遗余力地奔波，所以胜彦从小就习惯把"干掉竞争对手，争做第一"当成人生准则。心理咨询师这样诊断了胜彦与敏枝的夫妻关系：

"母亲的命令至高无上，他一直都在拼命迎合母亲的期待，所以好胜心也比普通人旺盛很多，就算是打麻将也不是娱乐，而是想得到'干掉对手的快感'，像吸毒一样。公司业绩要做得比别人好，想尽快出人头地，也就自然会比别人生活得更焦虑，而为了冲淡这种焦虑，一种足以让他忘我的麻醉药就成了必需品。"

有了这个铺垫，后面的分析就很容易将胜彦的精神世界托出水面。

敏枝说，第一次见到胜彦时，觉得他很外向，总是说些搞笑的事情逗大家开心，即便是现在，他和同事们在一起时，仍旧是那个大声说话，爽朗大笑，常常引人注目的人。

"但这种外向的、爱打麻将爱热闹的胜彦，不过是个虚像，连他自己都没有意识到这一点。其实从童年开始，他心里始终有一处阴暗的巨大空洞，注定了他是个非常孤独的人。只不过，他本人没有察觉到这种孤独，把孤独赶到了潜意识层面。空缺的这一部分，他就用麻将和忙碌的工作填补起来了。"

自己都没有察觉的寂寞，是否真的埋藏在了心底最深处——这么一说的话，再联系他前前后后的心理状态，这个让敏枝陷入绝望，甚至感慨"是不是原本就没有感情"的胜彦，或许本质上是非常可怜的人，正独自承受着难以名状的孤独。

"从童年到现在，如果这一路他读书成绩好，工作能力强，心底的寂寞不浮现在表面，也可以生活得很好，但一旦他在工作上遇到了挫折，或者很努力之后依然无法达到母亲的期待，遭遇了人生低谷，就容易产生心理危机，禁不住怀疑自己，会想我到底为了什么在辛勤工作，我还能干什么……他会陷入困惑。现在妻子离开了他，等着他的，很有可能只剩下孤独终老的生活了……"

连离婚也要为母亲考虑

告诉胜彦自己的决定后，敏枝过了两年多，才向家庭裁判所申请离婚调停。

"他一开始有些难以接受，但最后还是同意了，说'我明白了，那就离吧'，事情也就变得简单了……"

敏枝后来在女友和妹妹一家的帮助下，搬到了一间小公寓里，同时，朋友也帮她介绍工作，在市中心车站附近的进口日用品商店找了份工。离婚后，敏枝自然有权利要求分配财产，可一旦涉及这个问题，胜彦就打太极拳，含含糊糊，搁置不前。平时胜彦给敏枝的生活费都是现金，至于其他收入有多少，存到了哪个银行，有多少钱，对敏枝绝口不提。

妻子抛弃丈夫的时刻

"我到最后才知道,他的存款是零,说不定还有欠债呢。真是金玉其外,败絮其中。这种生不如死的生活,我恨不得立刻结束,重新开始我的人生,钱什么的已经不重要了,我只想请他尽快在协议书上盖章,再写上我的名字,盖好章。我把协议书交给他,让他尽快给我回复。"

过了一个月、两个月,敏枝等得有些不耐烦了,给胜彦打了电话催促。

"他说什么我把离婚协议书撕了扔了,这事儿我不好和我妈开口说,你当什么都没发生吧……都四十多岁的大男人了,自己答应的事情,竟然还不能自己做决定。就这一件事,足以让我明白,离开这个人多么正确。"

敏枝说,平时的生活里,胜彦对母亲多津的态度极其嚣张,就像对待用人,但狐假虎威的态度背后,是他直到今日依然生活在老母亲的掌控之下,且不得不服从的事实。

"和我结婚是他第一次无视母亲的意思,也是人生仅此一次的逆反事件,如果这场婚姻失败了,他母亲肯定会责怪,看,被我说中了吧……他最不能忍受被这样说。在公司里也是一样,比起被人知道离婚了,他更害怕被人说,那个人没听他母亲的话,结果落得如此下场。"

因为婴幼儿时期缺少细腻的呵护,缺少来自母亲的肌肤之亲,"被抛弃的感觉"一直扯他的后腿,哪怕到了四十岁,这个大男人在寻求真爱的道路上依然迷茫……听了敏枝的话,我眼前浮现出这个可悲男人的模样。

经历了这一切,敏枝向家庭裁判所申请了调停。之后没多久,我去见了她。跨过了漫长的痛苦日子,她现在已经恢复了活力。从她的言语措辞中我能感觉到，这个出生于东京山手的女性，不愧是战前中产阶级家庭的大家闺秀。从小学到高中的十二年间，她读的都是同一所昂贵的私立学校，也受到老牌名校的很大影响。毕业后，她一边为成为新娘做各种准备，一边等待着姻缘的降临。只要遇到合适的人就结婚，给丈夫精神和经济上的双重支持，依靠着他，度过今后的幸福人生。敏枝对如此天真的幸福信仰，深信不疑。

是不是这样的幸福信仰本身，就隐藏着幻灭的因子呢？家庭问题专家的一席话，让敏枝心服口服。

"在日本的夫妻关系里，妻子单方面依赖丈夫，把自己的人生寄托于对方，而丈夫把妻子当作生活的陪衬，一心为公司和社会尽心尽力，这样的组合着实不少见。但如果换一种角度，正因为妻子们享受陪衬的角色，且不以为意，丈夫们才能心无旁骛地工作，企业才能得到快速发展。可惜很多时候，当妻子们意识到自己不过是可怜的陪衬时，大多数家庭也就迎来了悲剧结局，就像这个案例一样……"

　— 在迷雾之中 —

蔓延街头的爱情绘卷

　　东京新宿有一家侦探事务所,隐藏在一栋破旧楼房里。这栋楼的楼型狭长,夹杂在一堆餐饮店和商店之间。

　　楼梯窄得只能走一个人,我小心翼翼摸到了三楼。房间的木门嘎吱作响,看起来毫无用处,不过从一早到现在,一直上着锁。我隔着门说明了来意后,里面传来一个低沉的男人的声音,然后听到他慢悠悠走过来开门。

　　事务所老板是个瘦小的老头,一辈子专注此业,已经七十三岁了,还时不时亲自去跟踪、跑现场,但大部分时间,他还是在这个房间里。除了他,还有七个调查员合同工,有男有女,大家像"鹈鹕"①一样行动,搭档合作完成任务。

　　来找这个老爷子的,基本都是和男女关系有关的调查。这里和那些也做信用调查之类、业务范畴宽的事务所不同,专注领域极为集中。我来找他,也是想通过侦探的角度,了解他们眼中的男女关系。

---

① 鹈鹕:大型鸟类,喜欢群居,善于游泳和飞翔。

"健康是我最大的资本，工作既能防阿尔茨海默病，也能给我那不让人省心的女儿赚点钱，她到现在还没嫁出去呢……"

刚开始接触还感觉这老人挺随和，可一旦涉及工作，他的嘴就严实得紧。我去拜访了一次、两次……不知多少次之后，他才终于拿出重要的调查文件夹。

A案例的情况是这样的。

有一位五十三岁的男性，经营一家木制品相关的小公司，来找他求助说："我妻子前段时间说要出门打零工，最近总感觉有点奇怪，怀疑她是不是外面有男人了。"

这位妻子四十三岁。考虑到调查对象是女性，老头派了一男一女两个调查员跟踪。

因为丈夫不知道妻子工作的地方，调查员上午十点就从家里开始跟踪。看她搭乘私铁电车，又换了地铁，在东京都中心的车站下车，走了五分钟，进了一间大型都市银行的大门。调查员等了六个小时，一直到傍晚五点，她才从里面出来，走十多分钟后去了家咖啡厅。又过了三十分钟，出现了一位三十岁左右的男性，两个人坐在一起有说有笑，没多大会儿，便一起从咖啡厅出来打了车，去了新宿歌舞伎町小巷子里的情人旅馆。

两天后的下午五点，调查员再次跟踪从银行出来的妻子，和上次一样，她在同一家咖啡厅见了同一个男人，之后打车去了涩谷的情人旅馆。调查员在旅馆门外十米左右的地方埋伏了一个半小时，看到两个人出来后上了出租车，又继续跟踪。

在国铁电车站，只有男人下了车。先不管妻子，继续跟踪男人。车厢里，他漫不经心地看起了漫画周刊，在江东区的车站下了车，穿过商业街，走了大概十五分钟，进了公寓。调查员向附近的居民打听得知，这附近好像经常有情色交易之类的事情。

第三次跟踪，从上午十点开始，这次是从男人的公寓出发。他和女人进了同一间银行，和保安一打听，原来男人是职工食堂的厨师。到了午饭时间，调查员谎称是朋友，混进了食堂，确认的结果，男人是厨师，女人是服务员……

B案例是这样。一位四十岁左右的女性前来求助，戴着墨镜，说想调查丈夫有没有出轨。丈夫是某大型食品公司的销售代表，也是公司里出了名的拼命三郎型领导。这次派了有二十年经验的老侦探，还有另一名年轻人，准备了三套便装、帽子和眼镜，还带上了一台"魔法相机"，这个相机镜头可以把横竖广角方位上的人物都拍摄进来。

早上七点，跟踪从位于世田谷区高档小区的委托人家里开始。丈夫搭乘巴士、电车、地铁，最后到达公司。十一点半，他独自走出大楼，在附近的日式餐馆吃了午饭，三十分钟后出来，慢慢走去一间咖啡厅，在角落的一处位子坐下，那时对面已经坐了一位女性。

喝完咖啡，女人先走出来，叫了出租车，男人随后看了看周围，也很快上了车。出租车在涩谷的情人旅馆停下。两名调查员，一人打扮成讨债人模样，另一人变身水管修理工，继续盯梢。一个半小时后，两人走了出来，又被"魔法相机"跟踪拍摄到。他们打车回公司，女人在离公司很远的地方下车，男人直接在公司门口下车，大概二十分钟后，女人也走进了公司……

即将出场的亚纪子，也是某天在走进电车站大楼时，敏锐感觉到了背后被人盯住的视线……

我有喜欢的人……

那天,亚纪子下午三点走进市中心的老地方,去见约好的"那个人"。

"那个人"两年前和妻子离婚,如今单身,但亚纪子有丈夫,名叫康之,在光学机械制造公司上班,两人育有两个上小学的孩子。哪怕就在半年前,亚纪子做梦也不会想到,自己这种贤妻良母,竟会背着丈夫偷偷幽会其他男人——和电视剧里经常看到的剧情一样,而自己成了女主角。之前她和两个孩子跟着丈夫的调动,在巴黎住了五年。去年春天,为了赶上孩子四月份的新学期,她带着孩子先回了日本。之后没多久,就遇到了"那个人"。

也是那个时候,好不容易赶上了开学,但大儿子因为环境突变,没上几天学就闹着不去了。亚纪子连个商量的人都没有,一筹莫展。没办法,她去找了学生时代的好朋友A子。A子一边经营自己的服装公司,一边抚养孩子,更有经验一些。

去找A子的时候,很巧合地,她见到了"那个人"。他是A子的客人,有自己的建筑设计事务所。更巧的是,A子和"那个人"都在巴黎待过,虽然是短暂的工作停留。后来经A子提议,三个人就在附近的餐厅一起吃了个稍晚的午餐。这仅仅两个小时的相遇,完全改变了亚纪子后来的人生……

那天过后十多天,亚纪子主动给"那个人"的公司打了电话。因为第一次见面时,他说起他的孩子也闹过不上学的事情,当时也很头疼,就给了亚纪子很多建议……亚纪子想再和他聊聊这个事情，当然，这是她说服自己的理由。

事后想起来，她知道这个理由只是自我欺骗，真实情况是，她对这个萍水相逢的男人有了从未有过的心跳，如此强烈，如此难以忘记，她，还想见他……按捺不住的冲动使她的手不自觉地拨了他的号码。第二次，第三次，接着第四次，越见越多，两个人的关系也越来越亲密，直到亚纪子自己都惊讶于如此大胆。

那天也是一样，她准备好晚饭的食材，只要开火就能立即做好端上桌，便放心地出了门。到了车站，还不到约定时间，她决定先逛会儿街，就走入了车站商场的女性用品楼层。

但不知为何，她总感觉背后有人盯着自己看，突然抬起头，和一个男人的视线相撞，在离自己只有十米远的地方，从卖场方向望过来。对方立即转移了视线，看起来是个很普通的中年男人。

买完东西，她加快脚步离开车站商场，走进了检票口，再突然回头看身后，她发现刚才的男人也混进了人群里朝这边走来。

"我瞬间反应过来，是不是被跟踪了……因为刚好十天前，我被丈夫问过一次……"

那段时间亚纪子在参加教养讲座的夜间课堂，有天晚上将近十一点才到家，康之已经回去了，很关切地问道：

"最近都回来得很晚呀，课结束后去干吗啦？"

亚纪子从一开始，一直小心翼翼地处理这件事，她不想被任何人知道她和"那个人"的关系，被丈夫这么一问，她不知为何，竟决定坦白。

"我突然就说出来了。我告诉他，我有喜欢的人了。这是我从来不敢想的事情，我丈夫也一下子蒙了，他的反应是好像听不懂我在说什么。然后我清清楚楚告诉他，我去见我喜欢的人了，不想和他在一起了,他脸色一下子就变了……"

甩开丈夫的哀求

"被跟踪了!"当亚纪子察觉到的时候,突然害怕起来。她推测,是丈夫康之干的事,他找了某家事务所让人跟踪她……

康之后来意识到亚纪子不是在开玩笑,他抓狂地想知道,对方到底是谁。但亚纪子不吐露任何信息,关于这个男人的名字、年龄、职业,两个人如何认识的,什么都不说,没有一点线索。

此时,亚纪子心里在纠结,如果不改计划,坐地铁去见"那个人",很可能被跟踪的人挖到信息。被丈夫知道了,会不会给"那个人"添麻烦呢?而且,为了"那个人",我已经赌上了自己的全部,如果和他的关系出了问题,我又要如何继续维持和丈夫勉勉强强的生活呢?好不容易才从迷雾中爬到了这一步……

亚纪子加快了脚步,她几乎是跑着穿过了地下通道,踩着发车时刻,踏上了电车车厢,和她本来要搭乘的地铁方向相反。她决定,回家。

而康之一方面关注着亚纪子的行动,同时也不死心地问这问那,想确认亚纪子的真实想法。

"我们俩从结婚到现在,每次意见不合、起冲突,都是我丈夫妥协。他会道歉,'你说得对,是我错了,对不起……'很懦弱。哪怕自己的妻子告诉他,已经有了其他男人,关系很深入了,他也绝不会大发雷霆,连大声呵斥都没有。他竟然一个劲地劝我打消念头,问我到底对他哪儿不满意,今后可怎么办之类的……絮絮叨叨，说着说着还哭起来。看他这副样子，我更想离开了……"

亚纪子对丈夫这种近乎哀求的劝说，一句都不想听，而且不像康之那么哭哭啼啼，在坦白已有情人的那一刻，她就做好了背水一战的准备，绝不拖泥带水，积极勇敢地迈出离婚这一步。

"我向丈夫提出了三个解决方案，告诉他，可以从中选择一种。"

第一个是亚纪子带着两个孩子出去住，暂时分居。第二个是亚纪子和孩子们留在家里，康之出去住。第三个是两个人在做出最终决定前，亚纪子留在家里照顾康之和孩子们的生活，但不是以妻子的身份，而是以"家政妇①"的身份。

"他很害怕变化。所以这件事，他极其担心被父母知道，也不想被公司知道，怕麻烦，甚至对邻居们都想隐瞒……结果，他求我留在这个家里，哪怕做'家政妇'。但我真的恨不得早早做个了断，可被他这么一说，我也没办法……"

不做妻子做"家政妇"，反而让亚纪子变得更大胆，之前十天左右一次的幽会，后来成了一周一次，如果是星期六的晚上，索性直接在外过夜，直到星期天晚上才回家。

康之三十九岁，亚纪子三十四岁，两个人究竟是从什么时候开始，在哪里误入了歧途呢？

追溯起他们的邂逅，那是昭和四十四年（1969）的春天。前一年，亚纪子从老家和歌山独自去东京，在报纸广告公司找了工作，一个人住在世田谷附近的小公寓。她中学起就喜欢画画和设计，后

---

① 家政妇：类似中国的钟点工阿姨，主要负责做家务，有别于帮忙照顾孩子的保姆工作。本书中两种职业都有提及。

来读了这个专业，一心想成为独立插画师。有一天，亚纪子的房东突然来找她。

在父母不和的家庭长大

房东是来找她谈相亲的事。有个人经常在附近进进出出，偶然见到了亚纪子，和房东说，他公司里有个年轻的手下，是个好青年……还带来了简历。

那时候，亚纪子一心想快点找到工作，好挣钱养活自己，完全没考虑结婚什么的。而且，她从小在父母关系不好的家庭长大，对婚姻本来也不抱积极期待。

亚纪子的父亲出生在和歌山县的海边小镇，继承了家里的餐饮生意，经营的还是规模不小的餐厅。家族里有人是地方议员，负责观光运输，还有长辈在当地挂职名誉职位等，所以她父亲绝对算是当地大户人家的公子哥。

但亚纪子说："父亲对我很严厉，从不和孩子们一起玩儿，也不会温柔地和我们讲话。他自己想好的事情，没有妥协余地，稍不满意就大声呵斥孩子，我小时候还被他打过，所以我很怕靠近他。也可以说，我一直挺缺父爱的……"

而她母亲出生在邻镇，和父亲的家庭背景相似，是位大小姐，但嫁过来之后，一心帮着丈夫打理餐厅。母亲很忙，很难有时间照顾亚纪子，所以她从小是被奶奶，还有家里的下人们带大的。

经营餐厅，免不了会有艺伎出入，也容易出桃色事件，可亚纪子的父亲一心专注工作，认真到极致，从没传出过绯闻。

11 妻子抛弃丈夫的时刻

"我觉得父亲是对感情一窍不通的人,母亲倒是很持重也很温柔的人,可能是父亲性格的原因,他们俩总是闹别扭,母亲反驳不了父亲,每次都自己忍着偷偷哭。小时候,一看到别人家其乐融融的画面,我就羡慕得不得了……"

但家里没人重视亚纪子的感受,还总把熟人介绍的相亲对象塞过来。

"女人啊,一旦找到工作就可能误了婚龄,当心一辈子结不了婚,你不早点嫁出去,妹妹们也很为难,大家的闲话挡不住,何况你父亲也说了,'至少先去见一下……'"然后我就照做了。

这次的对象,正是康之。听介绍人说,他是国立大学工学部毕业,学技术出身,但主动选择了公司的销售部门,是个很受器重的销售强人。

相亲的第二天,康之就心急火燎地让介绍人传话:"我很喜欢这个女孩子,想以结婚为前提和她交往。"

"我见他的时候感觉他很温柔,学历好,工作也不错,又是家里的第三个儿子,以后照顾父母没那么麻烦……各方面看起来都挑不出大毛病,我就答应了。"

三个月后,两个人订了婚,并决定半年后举行婚礼,一段良缘眼看就要结出硕果。然而订婚后过了两个多月,亚纪子突然说,她不想结婚了。父母问起理由,她的回答模棱两可,说不清楚……

"他们问我怎么回事,我也说不好,但就是觉得我好像不是很喜欢他……这感觉很明显。他随便一个动作,我都觉得这个人毛手毛脚,不稳重,就是有这种感觉……"

亚纪子的父亲觉得这样很伤人,很不愉快,但感情的事没办法,他还是偏向自己的女儿,最后,只好拜托介绍人,取消了婚约。谁知康之无法接受，直接找上门来。

"我去咖啡厅见了他，做好了拒绝的打算。可他一直在说，无论如何都想和我结婚，反反复复，说着说着还哭起来，眼泪簌簌地往下流。我吓坏了，把男人弄哭，这还是第一次呢，我一看这样，实在是不忍心，就答应了。好吧，既然他这么想和我结婚……这大概就是铸成大错的根源……"

恋爱什么的太低俗了……

原本，亚纪子答应和康之结婚，是因为他和自己父亲刚好相反，是个看起来很温柔的男人。

父亲是工作狂，认真刻板，在家里对孩子从来不会柔声细语，亚纪子说她只有被父亲大声训斥的时候才会站到离他近一点的地方，这种严厉也让他和孩子之间产生了很远的距离。小时候，亚纪子就在心里想，"讨厌这样的人"。

少女时代的亚纪子，不知不觉喜欢上温柔男性，大概就是出于对父亲的反抗。连母亲也希望亚纪子嫁给和丈夫不一样的男人。常年被丈夫的一言堂压迫，她背地里流了不少眼泪。亚纪子说：

"母亲常跟我讲，'结婚的时候，一定要找个内心温柔的人'。可能是她自己没找到这样的丈夫，就把希望寄托在女儿身上，和康之的婚事，她也从一开始就极力支持。"

但是，寻求温存的背后，也暗藏了另外一个心理，可亚纪子当时没有觉察到。

"除了主业的餐厅外，父亲也做一些其他生意。他是个事业心极强的男人，又因为做事靠谱，大家都很信任他。虽然我表面上讨厌他，但也尊敬这样强大、稳重的父亲，也许我内心深处，就崇拜着这样的男性……"

直到后来，亚纪子才发现深埋在心里的这种期待，也才知道自己为什么对康之不满。

亚纪子和康之订婚后内心有所抗拒，其实还有个原因，就是康之在婚前要求性行为。

"虽说已经订婚了，但我觉得婚后不是更好吗，这种事情……而且我本来就不喜欢，真的不想。可他知道我的想法，知道我是因为对婚事不积极，所以一心想把这事变成既成事实，纠缠了好几次之后，我心里更抗拒了。"

亚纪子说，她整个青春期都在纪伊半岛的小镇度过，当地风俗很保守，所以哪怕对方是已经和自己订婚的男性，她对性行为还是很抵触。

而经营餐厅生意的父母，见多了风月之事，对女儿这一点的管教也极其严格，常常委婉提醒，给她灌输了婚前不能有性行为的想法。

所以，在亚纪子内心深处，男女之间的关系是"肮脏的东西"这一认知，从少女时代就烙下了深深的印记。因为家里开餐馆，亚纪子从记事起，就常看到男人们挑逗艺伎们的热闹场景，也常听别人说男女之间的风流韵事。

"给我打击最大的是学校老师，还是我小时候最喜欢的一位老师，结果他比其他人玩得更夸张，和女人的关系也很随便。青春期阶段，我知道了人性背后还有这么一面，不愿意承认也得接受，于是无意识地形成了一个概念，觉得男女的性关系不纯洁……所以说起恋爱,我想不到它原本是美好的、值得期待的事情,反而觉得无聊、低俗……至于性,更是一片空白,在感情上很抗拒。"

就这样,在进入二十岁的亚纪子本应是清新水灵的情感认知上笼罩上了灰色的阴影,她又和康之不情不愿地走进了婚姻。这些内心的纠葛,隐隐预示了后来的结局。

外派职员眼中的光景

亚纪子在婚后第二年生了大儿子,结婚两年后生了小儿子。虽说婚姻不尽如人意,但和两个可爱的孩子在一起,新手妈妈忙前忙后,每天也乐此不疲。充实的育儿生活成了她最大的幸福。婚后第六年,康之被派去了巴黎分公司。一家四口一起搬过去后,夫妻关系蒙上了一层乌云。

康之所在的巴黎分公司,其实算是欧洲总公司,不仅要负责法国业务,还包括周边一些中小国家,销售区域极其广泛。而康之又属于中坚骨干力量,事情多得做不完。亚纪子说:

"在日本的时候,我们的工作和生活完全分开,我对他的工作内容也没那么大兴趣,但去了巴黎后,外派职员的人数本来就少,所以一旦有客户聚会,或者是外派职员的聚餐,就会把家属牵扯进来,工作、家庭瞬间没了界限。他也开始和我说一些工作上的烦恼之类的……"

本来,亚纪子只负责康之的日常生活,像每天上班穿什么西装、衬衫,打什么领带,这些都是亚纪子决定着买,每天搭配好,就像做好饭菜一样。康之按照亚纪子的搭配穿衣服,出门去上班,是那种万事都依靠妻子的丈夫。

"但后来,他工作上的事情呀,公司里的人啊,我也慢慢都知道了,他今天被谁说了,和谁意见不合很郁闷,一回到家就会絮絮叨叨哭诉。有时候我安慰两句,一说他还哭起来了,像小孩子一样,我觉得他需要我安抚,就温柔地跟他讲,'每个人活着都不容易,谁还不会遇到些糟心的事情,当然,你的心情我也能理解……'他才能好一些。"

工作上的事情自己搞不定,反过来依赖妻子,亚纪子每次看到这样的丈夫,都忍不住叹气,想自己的婚姻是不是个错误……

但在家里表现出软弱一面的康之,一旦回到公司里和上司、同事们交往,就完全变成另一种模样,是亚纪子从没见过的康之,让她十分惊讶。

"比如东京总部来了位大领导,在我家接待,他会拼尽全力,事无巨细……积极主动地聊天,还很会调节气氛,无论对方说什么,他都'是的是的'、'如您所说'这样应对,很会取悦对方……幽默、插科打诨、说漂亮话,样样在行,像变戏法一样,把对方哄得很开心,我听着都呆了,连连在心里惊叹……可也忍不住难过地想,你为什么要装到如此地步呢……"

不仅仅是接待客人,康之还很会攀附强权之人,只要有更厉害的人物在场,他立刻切换到八面玲珑的模式。

亚纪子说:"说好听些就是,他和谁都能处理好关系……但其实还不是因为自己没有主见,单纯想往上爬而已。我很清楚,他都是为了自保,左右讨好,对公司内部的人事也格外在意,比如这次的调动谁有希望升职,或者谁的风评可能下跌之类的……"

看到在工作中她不认识的康之,亚纪子竟按捺不住地心灰意冷

163

起来。

康之经常从巴黎去欧洲各国出差,一个月有一半时间不在家。

"日本的朋友经常问我,'丈夫不在家,很寂寞吧?'可对我来说,他在不在家都一样,和当地人交往,和其他外派职员太太们聚会,这些事也盖过了我自己的内心感受……"

被逆来顺受的母亲教育……

虽然康之的出差很多,但不出差的日子,他都尽量早回家。

"说起来,他不算是非常工作狂的类型,也挺重视家庭,但孩子的事情他倒是不操心,反而希望我去宠他。我让他带孩子出去散步,结果他问,'去几分钟?'真是什么事情都等着我下达指令。"

和康之在一起的外派生活,亚纪子渐渐看到他真实的一面,也越来越失落,无法遮掩的情绪慢慢被康之察觉到,在巴黎的第三年,康之时常感叹:"你好冷漠啊……"

"其实我倒没有面对他冷冰冰的言行,一次也没有,反而他很努力想要做好。但我知道,他是不想被我嫌弃才一直表现得很温柔,坦白讲,我也的确是出于回应他的义务在努力,和男女之间喜不喜欢完全没关系。错就错在,我一开始不是因为喜欢这个人而结婚的……"

亚纪子的话每隔一段,就会回到当初和康之结婚的不如意上。

深入剖析康之与亚纪子的心理构造,虽说亚纪子怎么也无法爱上康之,承受着难以跨越的寂寞和空虚,但康之这一边,也同样令人同情。他像孩子一样渴望着亚纪子的爱,却一次次被甩开。

两个人结婚时，康之的父亲已经过世，他生前是中学校长，母亲也曾在学校教过家政课。家里有四个兄弟姐妹，康之是最小的孩子，从小就成绩好，被父亲寄予厚望，父亲在家里亲自监督他学习。

背负着这样的期待，康之考入了重点中学。该学校学生考取东京大学的人数名列前茅。后来他也顺利考取了国立大学。但亚纪子说，其实康之心里，有些怨恨身为教育专家的父亲。

"关于自己的成长经历，还有父母的事情，他不是很愿意细说。其实在家里的孩子中，父亲最宠的就是他，但他不太尊敬父亲。我问'为什么？'他怎么都不说。从他说话的语气推测，似乎是父亲让母亲受过苦，在他心里留下了怨气，所以……"

亚纪子又突然转移了话题，跳到了确定和康之离婚的阶段。

亚纪子以"家政妇"的身份，而非妻子身份，和康之继续同居着，两个人的生活状态也发生了天翻地覆的变化，离婚的事情也在推进。有一天，婆婆突然提着行李出现在家里。

"'我来帮着照顾孩子，每天只吃你做的饭太可怜了……'说是可怜孙子，还不是心疼他儿子。到现在还这么宠他，也是无语。"

老母亲来了后，康之对她各种使唤，连皮鞋都让她擦。等康之上班走了，婆婆少有地和亚纪子说了掏心窝子的话。

"虽然是很久以前的事情了，我年轻的时候啊，也想过离开你公公，很想很想……但那个年代一个离婚的女人出去独立生活太难了，也就这么哭着忍着过来了……"儿媳妇已经决定和你儿子分开，要开始新的人生了，这位老母亲说这些话是想表达什么呢？同样是女人，这番听起来像是"饯行"的话，虽然怪怪的，但也听出了婆婆一辈子的憋屈。康之就是这样看着母亲流泪，又被母亲关爱着长大的。

繁荣的企业活动背后

外派生活进入第三年后,亚纪子已经完全习惯国外,无论和外国人,还是和日本外派人员家属的交往,也都渐渐深入。她还交到了几个聊得来的女性朋友,经常互相去对方家里聚会玩耍。

她们和亚纪子一样,丈夫忙于工作,常常出差,每天有大把时间。

有人提议说,"要不我们打麻将吧?"亚纪子也被拉了进去。开始时一个月一次,中午打,后来大家觉得白天孩子们太吵了不够安静,就改成了夜里打。

"我家那位今天回来得晚,可以打;我家的出差了,来一局?那八点集合吧……大家就这么约起来的。约好的那天,我们都会早早做好家务,等孩子睡着了出门。"

她们的丈夫做着不同的工作,有广告代理商、做钟表贸易的、开公司的、做音响制造的,还有经营顾问……每个家庭的男人都忙于工作,这些主妇在外人眼里是幸福的驻巴黎人员的夫人,可剥开表面那层皮,内在不过是一群无处安放寂寞的女人们。亚纪子也渐渐看透了这点。

"就我所知,有的太太交了德国男朋友,后来离婚了,有人撇下丈夫自己回了日本,我身边就有三对夫妻分手……"

美纱子是其中一位,已经三十九岁了,丈夫在机器代理公司上班,有两个孩子。亚纪子从日本返回巴黎后没多久,就听她说想和丈夫离婚。但对方不同意,她只好带着孩子先回国了。

美纱子靠着在巴黎生活时被迫学的一点法语,在东京丸之内的日法合资企业找了份工作,同时照顾孩子。

"前段时间,他终于在离婚协议书上盖了章,给我寄了回来。虽说金钱上没得到太大补助,但这种无味的日子,像嘴里嚼沙一样,总算是结束了,生活也终于告一段落。"

美纱子的丈夫隆哉,比她大十岁,精通四国语言,是非常成功的商务人士,大学一毕业就找了大型商社的工作。之后不断跳槽,去的公司越来越好。亚纪子和美纱子熟识的时候,刚好是隆哉被第三家公司派到欧洲的第八年。

"那时候,我大概就有了酒精依赖症,大白天开始喝啤酒,从傍晚到夜里,一直一个人喝……每周叫朋友打一次通宵麻将,过得无比颓废。别人一定很难理解吧……"

美纱子一点点说起他们夫妻生活的琐碎细节,但实际情况远比亚纪子转述的更加严重,让人不寒而栗。

隆哉刚开始工作时,住在公司的单人宿舍,管理员大妈认识美纱子的一位熟人,就是这样一个缘分,安排了两个人的相亲。

"他话很少,很难知道他在想什么,但他会果断告诉我,语言应该怎么学,你得去考驾照了……都是他带着我往前走,可能这种魄力很吸引我。加上他长得不错,个头又高……现在想来,我是不是太傻了……"

美纱子在不了解对方背景的情况下,三个月后闪婚。隆哉来自北海道小城市的普通公务员家庭,三兄弟里排行老二。家庭条件不算宽裕,他高中的时候就不找父母拿生活费了,边做家教兼职边读书,最后考上了东京的大学。

"他以前说过这样的话:'我是老二,基本上是被放养长大的。'我只在婚礼的时候见过公婆,他平时也不和父母联系,也是因为从小缺失至亲的爱吧。可能是这个原因,他和其他人的关系也往往浅尝辄止,停留在表面,连玩都觉得是浪费,是彻头彻尾的实用主义者……"

女人最美的年华,不知性为何物

在隆哉眼里,和公司同事打高尔夫、打麻将、聚会喝酒这些白领们的标配,都是浪费时间和金钱。连在家庭生活里,他也很难宽容美纱子的错误。

"他做什么都很认真,一旦决定好早上几点几分出门上班,会一分不差地执行。整理家务也是,我本来是大大咧咧差不多就行了,而且孩子们在会走会爬后,家里很难保持一直整洁的状态。他不行,一定坚持百分百的原则,稍有凌乱就不开心,一直念叨……"

美纱子笑说,被丈夫这样逼迫着,她也渐渐养成了好习惯,家里所有事情她都尽善尽美,没有一点瑕疵……

"就算晚上偶尔早回来了,他也只是'在家'而已,快速吃完晚饭,看电视、喝茶……每晚如此。不陪孩子聊天,还要怪我和孩子说话吵到他,要保持家里安静……和他在一起,感觉他像是同居的一个外人。"

对这个"同居人"最有意见的是孩子们。有时候隆哉也会被孩子们缠着要求出去散步,但这种没有目的的闲逛,在他眼里毫无意义,何况他对季节变化本来也无感,他喜欢决定好目的地,直奔而去。

"孩子们经常说,'爸爸好无聊啊,一个人哒哒哒地往前走,也不和我们说话,就是带我们去餐厅吃东西,吃完也就回来了'。孩子们说什么,他也懒得听……"

听了美纱子的话,我觉得这对夫妻间也缺少一条沟通对话的回路。美纱子说,最能表现他们极端的生活状态的,是她和丈夫的性关系。

"我们俩,最近这十年基本没有夫妻生活。夫妻间有些伤人的话是不能说的吧,所以我很小心地,尽量不让他受伤地提议:'我们很久没有……'但他来了句:'这么想的话,你在街上站着不就好了,总有人愿意的。'简直了!那之后,我尽量避开这事儿。刚结婚的时候我们频率就很低,后来到了巴黎,他一年三百六十五天都忙着工作,连周末也要上班,完完全全的工作狂。我想,可能是他太累了……可他倒好,什么也不跟我解释,不管不问……"

巴黎和日本不同,这里对性的包容度极高,尽可以大胆说起,日常聊天也很容易聊到这个话题。但每次这种时候,隆哉就面露不悦,好像性是一件特别肮脏的事情,还会苛责美纱子。

"他觉得说这个很猥琐,觉得对这种事情感兴趣是不对的,总岔开话题。但我觉得,他不过是掩盖自己的弱点罢了……"

美纱子刚开始很困惑,丈夫究竟是自身能力不行,还是对自己没有感觉,她难以摸清真相。

还没搞清楚性生活是什么,美纱子就送走了女人最美好的年华。

"两个人长期在关系冷漠的状态里生活,女人对性这回事也就渐渐没了感觉。但身边的太太们,有人交了外国情人,女人之间有时也会说这些风流韵事,我每次都不说话,只是听着,尽量不被人

169

发现自己家的情况。可是听到别人的聊天，真是悲从中来，觉得我和丈夫的状态不正常。难道余生要这样过下去吗……"

离婚是走向重生的一步

"外派职员的太太里，也有人觉得到了今天才把事情闹大，今后会不会吃新的苦头呢……所以尽管她们的欲望得不到满足，但一直以来或者自欺欺人，或者忍辱负重，但我无论如何都不能接受。如果继续这样下去，看不到未来有任何转变的希望……太绝望了，最后我主动提出了分手。"

美纱子的话让人不禁陷入思考，这还是婚姻生活吗？十三年的光阴，看似光鲜，实则黯然。

亚纪子和美纱子，两位外派职员的妻子，在巴黎过着别人眼里的幸福生活，看起来岁月静好，却在回国后先后离开了自己的丈夫。她们的婚姻究竟为何破裂，新的出发会给她们带来幸福吗？一位专门接手婚姻问题，也经常是妻子们倾诉对象的专家，给出了这样的诊断。

先是亚纪子的情况。

"她的丈夫很幼稚，不知道如何构建婚姻和家庭，一味依赖妻子，不幸，又让人同情。不过，这位看起来很独立、很有主见的妻子，其实也有问题，为什么这么说呢……"

根据专家的分析，亚纪子小时候碍于父亲过于严厉，不敢亲近，母亲又很忙，跟着奶奶长大的她，受到了各种溺爱，即便后来成人，她在感情上也保留着幼稚的一面。

人在读小学之前，很多由父母帮着养成的习惯，慢慢会变成自我内化训练，比如厕所训练（学会自己上厕所小便）就是典型例子——从他律变自律的成长阶段，其实也是学着在情绪上控制自己的过程。接下来会进入自立的阶段，也就是"做自己想做的事情，不做自己不想做的事情"……

专家做了这个铺垫后，分析了亚纪子。

"虽然她有独立的决心，但其实还徘徊在他律的阶段，周围的情况常常左右她的心情，这是幼儿心性的延续。她一心以为，如果对方是她父亲那种能依赖的男性，他们就能相处得很好，但结果偏偏是她丈夫那种类型……这样想，是把自己幼稚的一面束之高阁，还继续对丈夫'死乞白赖'，索取他身上本来就没有的东西，精神依赖性太强了。"

考虑到亚纪子今后的人生，专家并不认为她现在选择的道路能立即获得安稳的幸福。

"遇到了新男友，好像沉浸在幸福里，但这仍然是她没有摆脱想要依赖别人的表现，这才是根本问题。万一，这位男性也让她失望了，那时候她要怎么办？如果不是因为遇到谁，而是她主动想离婚，这才是她迈向独立的第一步，和男友的相遇反而让她失去了这个机会。如果离婚不能成为重生的跳板，就没了意义……"

美纱子的情况又如何呢？

"像隆哉这样的丈夫，也还是挺常见的，情绪极其不成熟，实用主义至上，喜怒哀乐好像被丢在了爪哇国。所以那种可以帮助他培养情绪，像母亲一样给他很多爱的女性才最合适他。可惜这位妻子不是。还有男女思维的差异，男性生存多靠在工作上追求利益，而女性往往没有感情就活不下去，她们在身体上有这种需求，同时渴望找到活出自己的生存方式,拼命想跳脱出来。"

专家的解读相当毒舌。的确,亚纪子和美纱子的未来,可能还有很多狂风暴雪。但就像我们在氧气稀薄的地下,极度渴望新鲜的空气,会拼命向上爬一样,她们也果断放下了过去,因为那只是表面上看起来的幸福。这些女性决心放手拼搏、努力开始新生活的眼神里,闪耀着决不放弃的光芒。

― 和 X 先生的对话 ―

结婚的条件是男女独立

蓝子、敏枝、亚纪子、美纱子……在妻子们内心独白的展开中，她们抛弃丈夫的系列即将谢幕。

这四位妻子，坦诚地向我吐露了她们的私密世界，诚恳之中，也夹杂着些许羞涩。但我忍不住怀疑自己，能把她们的内心描写到哪一步。很可能，她们心里还有很多难过的情绪，难以诉说，也一言难尽。

或者说，妻子们的独白，我们又该如何解读？她们承受的过往可以给世人何种启发？我们仍旧邀请了智囊顾问 X 先生（多人代称）一同探讨。

"这些案例可能看起来有些极端，但确确实实是当下日本夫妻真实状况的缩影，绝不算特殊。我相信不少读者都感同身受。"

X 先生从这个感受出发，引出了一个普遍共识，就是，如果对"婚姻是什么"心存过多幻想，通常就会是悲剧的开端……

"离婚案例里最常见的情况是，没有深入了解对方，单方面抱有天真期待就步入了婚姻殿堂。这四位妻子也是如此，对对方的真实模样一无所知，却用自己的期待描绘了对方的理想模样，还不切实际地加入了很多额外幻想，试图通过婚姻实现所有美梦……"

现实如此残酷，期待如雪花一般，很快支离破碎，当她们明白梦终究是梦的时候，"期待落空"的感觉，又让她们产生了想要离婚的冲动……

"本质上来说，很多女性对家庭有感情上或情绪上的期待，但男性不同，他们实现自我的地方不只是家里，所以根本无法理解女性想要的生活方式和感受，由此产生分歧也就不足为奇。但从另一个角度来看，正是因为女性为家庭付出了太多，对丈夫那种'期待落空'的定义范围，也就无端扩大了。"

期待与现实之间的鸿沟如此之宽，妻子们绝望了，不知道该选择离婚，还是为了孩子而自我沦陷。

对于婚姻，究竟该如何看待呢？X先生说：

"结婚，其实就是两个人绑在一起生活，而这两个人本来就应有极强的主体性，即使各自独立生活，也完全没问题。两个人在一起后，共同经历喜怒哀乐，难过的时候相互安慰，相互鼓励，共享生活的乐趣，要比一个人的时候过得好。所以结婚的前提是，无论男人还是女人，都是独立的个体，'一个人也能生存'。但实际上很多结合都是想依赖对方，想利用对方承受生活的负重，自己不用吃苦……"

如果结婚的基础是自己先独立，那就不能把幻想寄托在对方身上，自己还佯装不知。

"从这个角度来说，结婚其实是辛苦的事情，尤其是按日本的传统观念，认为女人应该像结婚时穿的白无垢礼服一样，将自己保持得像一张白纸般嫁到夫家，由对方的家族涂上色彩。事实上，即便是现代社会，温顺又没有自己主见的女生仍旧最受欢迎。主流价值观如此，要逆流而行、坚持做自己真的很难，但如果没有自己的主见，什么都依靠丈夫，最后又会梦碎……"

确实，具体到各个男女的生存方式和思维方式，有很多需要批判的地方。X先生紧接着抛出了另一个极具冲击力的观点。

"男人只需对女人说一句'这个家交给你了'，就可以转身去公司上班，被委以重任的女人，却要为这个家付出自己的全部……其实，正因为如此，男人才能把自己的全部精力奉献给公司。也正是一个个这样的家庭，才构成了现在的日本社会。从这个思路来看，对丈夫心怀期待的妻子们，被家庭束缚着，却也是支撑社会基础的牺牲者。"

她们支撑着繁荣的社会

"话说，这些丈夫也是典型的二分之一人……"

慎次与蓝子、胜彦和敏枝……细看这个系列里出场的主人公日常，X先生发出这样的感慨。但"二分之一人"是什么意思呢？

"丈夫在工作上独当一面，可在生活上完全不能独立。反过来妻子在生活上包揽一切，却在工作上一无所有。两个人凑在一起，才是一个完整的人……这些丈夫，每个人在公司里都是能力很强的精英，也是企业里的中坚力量，但在家不理家事，对孩子也不上心，不管不问。他们固执地认为，只要做好工作，就能在世间立足。这难道不是二分之一人吗？"

X先生说，这些二分之一人，试图通过婚姻找到"专属保姆"，这个"保姆"也是他们的"工具"，可以帮助他们继续投身于工作和为社会奉献,这是个固定模式。

但这个二分之一人,也不是一朝一夕就能养成的。最根本的问题在于日本的社会构造,每个人从小就在这样的教育里长大,无论男女。X先生继续说:

"在日本,孩子从出生就被灌输男女有别的思想,不论是玩的玩具、孩子们的游戏,还是看的戏剧、电视节目,都在润物细无声地影响着他们。日本人进入青春期后,都用既定观念看待异性,而不是想着大家都是人,想着以互助互爱的人性去理解对方。"

说起来,那种仅凭分数来划分"好孩子"、"坏孩子"、"一般孩子"的现代教育制度也是罪孽深重吧。

"如果真想做'好孩子',就应该做些'和分数完全无关的学习',比如和朋友一起坐车的时候叽叽喳喳说话,一起听好听的音乐,一起参加合唱,甚至有时候吵架……通过这些体验,才能与别人产生情感共鸣,才会为对方考虑。如果缺少了人与人之间关系的培养,到了青年期,很自然地就会想'年龄到了,该去相亲了……'而不是把异性当作独立的存在,这个人今后可要一起共度余生呢。"

这样看来,我们国家在培养孩子如何做人,如何与异性相处这一点上,完全处于未脱贫阶段,而且在一代又一代地传承下去。正是在这种传统背景下,才有了人格不健全的人,就像故事里的丈夫们,成了二分之一的男人,结了婚之后心安理得地把妻子当工具对待,伤害对方,最后自己也落得个凄凉的人生结局。

而且,问题还不止于此。X先生提出了另一个不容忽视的观点。

"被这样教育长大的人,根深蒂固地认为'男主外,女主内'、'工作是男人的生存意义,带孩子是女人的幸福'这样的观念天经地义，他们不仅习惯性别分工的价值观，也不曾质疑自己做的事情，连句抱怨都没有，只是高效地、勤奋地工作。这些'效率至上的人'，带来了日新月异的现代社会，也使自己获得了社会强者的地位——不就是这么回事吗？在全世界领先的日本生产力，就是在这个框架下诞生的。然而，繁荣的社会，是适合生活的社会吗？无论对男人，还是女人——这才是最致命的问题。"

X先生提出的这一问题，也让我想到这个系列里"抛弃丈夫的妻子们"。

"关于是否是适合生活的社会这个问题，大概女性最有发言权。她们全身心地像一张石蕊试纸一样被放到社会里，敏感地做出反应——正因为她们被当作'工具'使用、被深深刺痛，才在无意识之中最早、最尖锐地提出了批判。每一对分手的夫妇背后，都暗藏一千种早已注定好的原因，妻子们认为'是丈夫不对'，这无可厚非，但从更广的视角来看，整个社会的现实状况是，无论丈夫还是妻子，都没能充分活出自己。只有意识到这一点，不单单埋怨是'丈夫的错'、'妻子的错'，离婚才有意义，才会实现自我的跨越。"

想活出自己的心声

"住在养老院的老年夫妇，都是各睡各的房间。丈夫希望有人来照顾他，也有性需求，想和妻子住一起，但妻子却不想入住夫妻房。这样的情况很多……"

X先生说起这样的逸事，聊起了夫妻婚姻结局的话题。这些各自是二分之一人的男女，将会走向多么悲惨的余生呢？

老年后所剩无几的珍贵时光，妻子们并不想和丈夫们一起度过。年轻时丈夫只知道埋头工作，在家里连倒了的酱油瓶都不扶，只把妻子当工具使用。漫长的岁月里，妻子们累积了多少怨念，从她们的心声就能听到。我们想起了一起"殉情"事件。

有一位男性，到了退休年龄，没了工作活动，成了家里的"大型垃圾"，而负责照顾丈夫的妻子却没有退休年龄，只要活着，就得一直工作。突然有一天，衰老的妻子病倒了，半身不遂，这对丈夫来说是沉重打击，因为他在生活上一无所长，现在不仅要做一日三餐，还要洗衣服，负责所有生活日常活动。结果，照顾了妻子三年后，他居然勒死了自己的妻子，然后自己也上吊自杀了……

"这位可怜的老人死得太惨了，但这也是二分之一人的典型结局。在日本，大家普遍认为，照顾老年人是家人的事……不过接下来这样的惨案很可能还会继续发生。"

日本的丈夫们只知道工作，独自一人就感受不到生存价值，也无法获取满足。可能在他们听来，X先生的话非常逆耳。但X先生还有更令人心有余悸的预言。他说，今后在发生这样的惨案之前，作为二分之一人的丈夫们很可能早就被妻子们抛弃了……

"以前，大家会担心分开后要如何生存，太难了，哪怕心里很想分开，但还是流着眼泪忍下来。现在情况不一样了，大家的生活变得宽裕，在一定程度上获得了解放。可那些自以为是的男人们，还没觉察到，心想'她怎么可能离得开我'，继续这样想的话，似乎就危险了。"

当然，日本社会保障女性经济独立的条件还没有十分健全，但也在步步趋于成熟。另一点不容忽视的是，妻子们的独立意识在逐渐苏醒。

"虽然不少女性追求所谓的课长夫人、部长夫人这样的头衔，但近年来，丈夫在公司能力如何、有没有爬上高位，对很多女性来说，不是非常重要的衡量标准了。比起这些，她们更在乎男性是否温柔，有没有人性的善良。人的寿命相比从前有了大幅增长，越来越多的人想在中年以后，全力活出真正的自己，重过一次人生……"

把这些不同观点融合在一起可以发现，"丈夫被妻子抛弃"，不只是有可能，而是概率很大。即便没有走到离婚那一步，两个人失去心与心的羁绊，夫妻关系名存实亡的家庭，也比我们想象的要更多。

一如既往地，我们在办公室里收到了很多读者的电话和来信。

"您真是辛苦了。我每天都像读自己的故事一样看您的连载。在PTA的聚会上，和朋友的聚会上，都会聊起。还有人哭着说，写得太真实了，道出了女人的心声……绝大多数的主妇们，既是妻子，又是母亲，非常辛苦，却没有几个人能得到丈夫的平等对待。但很多男人对此不理解，认为这是'女人的矫情'，真希望他们早点意识到自己的天真，不要延续这种自杀行为。也请您继续努力吧。"

这位署名"一位平凡主妇"的读者的呼声，也是很多人的迫切希望吧。她们不要外人看起来安稳平静的表象，而是希望生活在家庭里的人，都能活出自己！我相信这股浪潮即将席卷而来。

— 读者来函 —

站在厨房望着街灯

"妻子抛弃丈夫的时刻"这部分连载在报纸上登出后，我们收到了来自读者的热烈反馈。有来信，有电话，临近尾声时，竟有超过一百份的感想文。

"我和故事主人公的心理感受一模一样，以至于常常有种错觉，以为是在说我的事情……"

"看到如此真实的报道，我才猛然意识到，原来有这么多女性和我一样迷茫，也松了口气。对结尾处那句'活出自己！'最有感触，反反复复读了好多遍，一想起自己的过去，就忍不住流下眼泪……"

每一份感想都让我们深知读者看得很认真，而且产生了强烈共鸣。

我们把其中一部分来函，结合智囊顾问X先生（多人代称）的意见，公开于此。

来函里最吸引我们关注的是妻子们的心声，她们真切地吐露了自己的烦恼。有位四十多岁的主妇，苦恼于丈夫的浪费习性，甚至曾经跑回过娘家，后来为了孩子又重新与丈夫复合。她说：

"……有天夜里，我拒绝了和他亲热，竟然被他又打又踢。他完全不考虑我的身体，太自私了，我一到夜里就害怕。现在我们分房睡，他睡着之前我都装在看电视，然后悄悄钻进被窝。我这二十四年积攒的愤怒，他很难感受到吧？他妈妈生他晚，又是独生子，被溺爱着长大，哪怕现在五十岁了，内心还是浑小子。以前是喜欢浪费东西，现在又在外面有了女人，这次，我终于下定了决心……"

她说以前考虑到孩子而一直委屈着自己，但现在连女儿都鼓励她："你不用为了我们受罪，人生苦短，你去过自己的生活吧！"

我们也收到了不少有离婚经历的读者来函。其中一位五十二岁的主妇说自己有一个嫉妒心异常强烈的丈夫，仅仅是怀疑就说"我要找到你出轨的证据"，把整个衣柜翻了个底朝天。她深受其苦，三十岁的时候甚至试图自杀，后来被抢救过来，终究因放心不下孩子，咬牙忍受着生不如死的日子，熬到了现在。

"……结婚二十一年，我只在祖母和父亲去世的时候，回过两次娘家。所以当他说'你给我滚'的那一刻，我突然觉得很幸福。四十二岁那年，我拖着风湿病和胃溃疡的身体，离开了这个家。可能很多人会问，为什么忍了二十一年……因为每次吵完架，他都会道歉，说下次绝不会这样了，求我原谅他，说他爱我。于是一次次地，不了了之。现在想想，真的是无聊的一生，净是些无聊的小事，还闹得鸡犬不宁。我现在只庆幸，还好没有为了这个男人去死……"

一位六十五岁的妻子说，当她想重新来过人生的时候，却发现为时已晚……她为此无比懊恼。

"……我太要面子了，一直忍耐，体重从五十五公斤掉到四十二公斤，再这样下去，只怕我会被他欺负到死了。我丈夫差不多也把我当成工具，什么都鸡蛋里挑骨头，饭菜、味噌的味道、怎么腌渍泡菜、怎么做梅干，事事不放过。一年三百六十五天，我不过是他的下酒菜罢了。我每天都在想，这种男人是不是天下无双的奇葩，越想越懊恼。他经常说，你是我妻子，你要考虑怎么做才合适，你必须听我的，因为我是男人、你是女人……每次我反驳说我不是奴隶，都只换来他的大声谩骂和殴打。我无力反抗了，放弃了，对他死心了，自己咬牙忍着，不知道哪天就死了。"

她在结尾说："如果你们有什么好的智慧，还请书面教我……这是我的救命稻草。"还附了一首短歌：

走出神经质丈夫在的客厅，站在厨房望着街灯，怒火中烧悲从心来，却不得不忍耐到现在。

根深蒂固的贤妻崇拜

把读者来函按内容分门别类，其中占比最多的是对登场妻子的立场表示理解、产生共鸣的人，占到了总数的38.4%。这一人群无一例外都是女性，有人如前文所提，有过离婚经历，有人和丈夫关系不好，正在慎重考虑离婚，也有人为了孩子暂时无法离婚，仍在迷茫之中。

与此相对，令人意外的是，也有不少女性对主人公提出了苛刻批判，认为她们做得不够，应该对丈夫更上心，这类人群占到了27.7%。

比如，有位主妇（五十三岁）在信里写道："妻子抛弃丈夫的

妻子抛弃丈夫的时刻

时刻"这个标题的表述就是错的。抛弃,有轻蔑的意味,应该改成妻子离开丈夫的时候……

还有一位四十四岁的家庭主妇,署名"过着安稳无事的生活"。她说:"(那些离婚的女性)有没有反思自己呢?因为对丈夫不满,硬生生让孩子离开了父亲身边。我奶奶常教导我,'要记住,对自己有五分不满,才会对对方也有五分不满',我到现在都记得这句话。所以批评别人前要先想想自己有没有错,否则,不满堆积如山,还怎么活下去?"

"在这个世界上,哪怕是自己的丈夫、孩子都不可能变成自己想要的模样,只有明白了这一点,才能淡定地应对所有事情。与其对丈夫不满,不如变成他喜欢的妻子,自己也从中获得快乐。去努力成为对方希望的样子,才是真正的爱吧。妻子们经常被说依靠丈夫,是家庭的牺牲者,可当主妇也不是那么容易的事!成为丈夫的贤内助,这不是牺牲,而是快乐才对呀。做不到这一点的人,才会走到离婚那一步吧。看到连载里的主人公,总是以自我为中心,真的是怒其不争。我觉得,我们主妇不要总想着独立,要想着如何与丈夫更好地一起生活,才会离幸福更近。"一位四十一岁的主妇,针对连载的内容写了这么一番话,署名"完全反对"。看得出,她觉得对丈夫"依赖",其实是件值得骄傲的事情。

"丈夫和我都四十多岁了,我们打算把孩子抚养成人后,出去旅游,在家养花弄草,相亲相爱,相互扶持到老。我结婚后就没出去工作了,但我觉得,比起在外面学一些世故之事,或许这样更好。我完全依赖丈夫,别人是'深闺大小姐',我是'深闺老阿姨'。所以,我也想老了之后照顾好他,在他后面离开。这也是我能做到的对他的报恩了。"

可能是出场人物的婚后生活过于凄惨，反而有不少人意识到"原来我这么幸福"，对自己的生活方式也有了新的认识，但X先生读完这些"幸福的主妇们"的感想后，对女性之间缺少"宽容"这一点格外关注：

"这些人被逼到无路可走的窘境，最后做出无奈的选择，试图逃脱，但很多人没有这样的经历，还要居高临下地指责。没有经历过别人的痛苦，怕是很难理解别人吧？"

不过X先生事先声明，这句话适用于任何事情，并不是在责备来函的读者……做了这个铺垫后，他又继续说：

"日本的家庭主妇们生活在资讯如此发达的社会，却仍然把自己束缚在封闭的世界里，所以她们只能理解自己生活范围内的事情。加上从小就被灌输了很多规范意识，'女人应该怎样怎样'，她们看不到这个框架之外的世界，能选择的生活方式自然极其有限。对于选择和自己生活方式不一样的人，她们显得没那么宽容。我想这不是出于冷漠，只是陈旧观念作祟而已。"

拓展生命的深度与广度

现在五十多岁的这代人，在战争年代度过了自己的青春期，连恋爱都被抹涂上了灰暗的色彩。给我们来函的读者中，包括这代人往上的高龄世代，表示难以赞同主人公们做出的离婚选择，似乎也在情理之中。

但另一方面，我们也感觉到，越来越多的人开始摘下有色眼镜看待离婚，倾向于将其视为活出自己的另一种生存方式。有位在家被当作保姆一样使唤的四十七岁的女性在信里写道：

"从前的日本社会是男性主导，分手后女性根本无法生活，也觉得离婚很丢人，但现在大家的意识转变了，很多人不想一辈子都做男人的仆人。我也是这样想的。但现在要抚养孩子，只能拼命控制自己的情绪，尽量不对他抱有期待，但孩子长大后，如果他还是没有长进，我就会威胁他说，到时候我可不会照顾你了。以后还是要看他的表现和态度，就算分开了我也想活出自己的人生。"

也有女性认为，主人公们面临的婚姻破裂结局，不能仅仅归结于她们平时没有为自己做打算，而应该重新寻找个人的生存方式，甚至放在社会问题这一更大的视角来思考。有一位四十五岁的母亲，她是药剂师，针对故事里的丈夫们这样说：

"……如今这个时代，这样的男人太多了，这也是教育体制的问题。什么都用分数来划分人的等级，不让接触和考试成绩无关的学习，只需要朝标准的精英之路迈进就行了。结果男人们连婚姻生活都当作是实现目标的工具，无视女人们的人格尊严，只在乎自己能不能达到目标，自私自利，认为妻子们为自己付出、牺牲理所当然。虽说这样的体制支撑了日本的经济发展，但这种没有人性的成长，绝不是好事。"

在末尾处她总结说："女人在婚后才知道男人是怎么一回事，所以也不要完全怪对方，要让自己成为一个精神独立的人，愿意承担起自己的责任。"

另一位署名"抱着孩子执笔写信"的读者，有十三年职场经历，她这样说：

"……丈夫一开始非常支持我出去工作，后面我越来越忙，他态度就变了，希望我辞职待在家里。我很喜欢我的工作，也为之骄傲，所以被这么要求时有些沮丧，男人心里果然都是这样想的……我们女性工作不单单为了赚钱，但是说企业不好，说社会不好，这些呼声太微弱了，根本无法传递给社会上更多的人，而向丈夫抱怨，又只会招来不愉快。"

X先生说，女性也希望和男性一样为社会做出贡献，同时培养家庭里的爱，拓展生命的深度和广度……这种殷切的希望不仅来自写来反馈的读者们，也很可能会是社会大趋势，像星星之火一样，即将燎原。

"给我冲击最大的是战前那一代的女性，她们一直忍受着对丈夫的怨恨。那首短歌写得太形象了，真的是很可怜……女性决定离婚，好像是从地狱一样的生活里解脱出来，但社会上的冷眼依然存在，还有更多的辛苦在等待她们。可即便如此，还是有越来越多的女性认为，离婚更好……这一点正说明了日本社会变得多样化，也正在朝更人性的方向发展。"

和上一代忍气吞声不敢"抛弃"丈夫的女性相比，当代女性的"生存条件"变得更丰富，但，想完完全全活出自己，依然缺少足够多的社会活动空间。无法阻挡的老龄化社会即将到来，对像看护老人这样的志愿者工作的需求也逐渐增多，这些都需要陌生人之间的相互帮助和关爱，"发自真心的体恤"成了社会必需品。女性要尽早意识到这样的状况，思考一下更人性化的生活方式，成就自己，也成就别人，为将来做好充分的准备……X先生的肺腑之言，意味深长。

— 采访笔记 —

飘摇着变形的影子

在"前言"那一部分里，我说，当初想写这部纪实文学，原本的出发点并不是"妻子们"，而是"丈夫们"。

说一些个人经历。我曾在一九七三年到一九七四年间，也就是石油危机冲击最严重的时候，采访过很多日本超大型企业的生产第一线，包括钢铁、汽车、造船、电器、石油化学等产业，这些企业堪称日本经济高速发展的领头羊。和这次采用的手法一样，我当时也把报道连载在了报纸专栏（之后以《我死之后哪怕洪水滔天！》[①]为题出版）上。一九七九年到一九八〇年，我在意外伤害保险、音乐器材、贸易、广告相关的大公司里，以在一线工作的、三十多岁到四十岁的中层管理者为采访对象，记录下了他们真实的工作状态（后集结为《何为公司》一书）。

其实，看起来光鲜豪华的写字楼，电视里滚动播放的广告，还有后缀一大串零的巨额销售业绩的"表象"后面，是我们难以想象的另一面。如果把目光投向企业内部，可以看到这些支撑着日本经

---

① 该书后亦收入《日本世相》丛书。

济门面的大企业里，有一台巨大的机器在不停转动，将"男人们"搅入这一壮阔野心中。而当我发现，正是这台机器神奇地把男人们都变成只知道忠诚于企业的工作狂人时，便不寒而栗。

他们对我这样一个毫不相干的外人说起自己的工作时，没有丝毫抱怨的辛酸，听起来更像是欢快地高歌"我的生活意义"、"工作价值"。可在我看来，这些男人身处企业和社会的残酷框架里，像被什么东西附身般，被逼到一条单行道上，只会马力全开地向前冲。所以我总觉得在他们慷慨激昂的话里，夹杂着某种悲哀。

一方面是日美经济摩擦引起的国际上的指责，另一方面是"日本管理模式"这一词汇在全世界大行其道，被各国企业家所推崇。但大家越是关注，越是想学习所谓的"企业管理优等生日本"，我就越想描写隐藏在这背后的"男人们的悲欢"。

当我跟进孩子们的问题，诸如家庭暴力、拒绝上学、青春期厌食症、自杀等负面现象时，想要记录这个主题的念头也越来越强烈。

经济实力越来越强大，伴随而来的却是孩子们的颓废和无力感愈发严重，究竟是哪里出了问题，激起了这样的千层浪呢？每次尝试挖掘这个现象背后的原因时，都会遇到束手无策的父亲们，他们对孩子们出乎意料的变化难以置信。我们究竟做错了什么——父亲们完全想不到是自己亲手酿成了现在的局面，看到他们无助又迷茫的眼神，我脑海里浮现出一个想法，如果把这些既是"父亲"又是"丈夫"，同时也是带动经济持续发展的"男人们"，当成一个整体来描写，他们那种士气高涨得近乎变形的表情，才能更真实、更立体地呈现出来。

正因为有了这些复杂的体会，我才开始了这次采访。

妻子抛弃丈夫的时刻

采访这种工作，最终能呈现给读者的结果，只是成稿印出来的文章。很多材料都无法变成文字，最终会消失不见。在这次的采访里，也有很多无法变成文字的材料被"浪费"了，其中最多的是我站在主角"妻子们"的背后，若隐若现窥见到的"丈夫们"的真实职场。

我在银行、保险、电脑、电器、贸易等行业的企业中，不停追踪丈夫们在公司如何工作，企业的人事管理系统如何运作。这些背景采访的结果基本都没有写出来，但当我知道"男人们的世界"后，我真心无法再指责他们，虽然在妻子和孩子面前，他们就像昆虫蜕下的空壳一样，是一塌糊涂的存在——早已被工作榨干了人类本该有的感性。

一个中层管理者的阵亡

在"妻子抛弃丈夫的时刻"这一部分里，在"冰冷的家"一章出场的主人公敏枝的丈夫胜彦，是一家大型意外保险公司的中层管理人员。我当时曾对保险界的情况进行了采访，还在笔记本上记录了这样一个案例，虽然这个案例后来被我扔进了废纸篓。

一九八〇年十一月，在中国地区的某城市，距离市中心稍远的一家咖啡厅门前，一位中年男性突然剧烈呕吐，但他还紧紧抱着公文包，走到停车场，倒在了自己的车旁。A先生，四十三岁，在某保险公司担任分公司社长助理，是入职二十年的元老级职员，被送到医院四天后去世，死因是动脉血管破裂。

在A先生去世的一年半前，他从关东地区调到管辖地区的分公司，除了社长助理的业务，还要负责整个县①东部地区近五十家代理店的业务，每天开着公司的车不停奔波，和代理店搞好关系，增加保险公司的签单量。

就在他去世前一个月，公司发起了全国规模的增加保单项目，口号是"发挥出百分之一百零五的能量"。项目刚开始，A先生就对妻子说，"这期间不要拿其他事情烦我"，整个十月份他出勤了二十五天，其中有二十三天是开车奔波在不同的代理店，行驶距离合计超过三千公里，其中一天超过两百公里的就有五天，甚至有两天超过了三百公里。

我后来调查了解到，从他上任到猝死，平均每个月的行驶距离有二百三十公里，项目开始后的那个月尤其多。一天三百公里是什么概念？可以从广岛开到博多，而且是连续多天这样奔波。

项目开始一个月后，十一月一号那天，吃早饭时他自言自语，"觉得好累啊"，第二天晚上，他似乎想对妻子说些什么，很罕见地直直注视着她的脸，但最后一句话也没说，睡下了。倒下的那天早上，他还嘟囔了一句"为什么这么累"，便出了门。转了几家店铺后，他想在咖啡厅歇一会儿的，结果在店门口就不行了。

A先生毕业于庆应大学，曾是体育健将，工作拼命。在追踪他的猝死原因时，我了解到保险业的激烈竞争早在十年前就开始了，最近愈演愈烈。刚开始各个公司的业务对象以"个体经营公司"为主，后来慢慢把客户重心转移到个人和普通家庭等大众群体。当时业界流行"抢到大众保险市场就是抢到市场第一"的信条，所以各

---

① 日本的"县"不等同于中国的"县"，类似于国内的省级行政区，日本全国有43个县。

大公司都主推大众保险。一九六九年起，大中小公司先后推出十年到期的"长期综合保险"，比如储蓄型的火灾险。由此开始了混乱的合同争夺战，也被称为"长期综合险战争"。一时间市场上硝烟弥漫。

一九七九年，"储蓄型家庭交通事故意外险"——俗称"储蓄家庭险"开始发售，也拉开了竞争激烈的"第二次大战"。每间店铺的门口都挂着"储蓄家庭险，长期大甩卖"，公司内部到处贴着标语，"早上加油签一单，晚上追着签一单，不吃午饭再签一单"。办公室里领导们的声音震耳欲聋，"完不成合同指标不要回公司！"、"发挥出你的最大能力！"没有完成业绩的员工，名字会被贴在宣传栏里。大家都叫苦连天，背后称此为"储蓄家庭险法西斯主义"。

大部分意外伤害险公司都采取代理店制度，和代理店搞好关系也成了员工的主要工作之一。但实际情况如何呢……比如汽车保险，可能有很多家保险公司去找经销商和修理工厂拉关系，当汽车热销的时候，经销商这边会决定与哪一家保险公司合作，因此保险人员必须趁着对方公司的销售从公司离开前的早会时间，或是晚上下班回公司的空当，抓紧时间频繁拜访。

有一份调查显示，销售部门员工的下班时间在晚上八点后的占到43%，星期六加班的有30%，全年无休的有11%，一年只休息五天以内的人，竟然占到了半数。

保险销售人员为了维系和代理店的关系，有时候不得不被迫购买对方经销的汽车，甚至有的人连驾照都没有，还要每年重新换购，也有的人买了两部车，有一部就常年躺在经销商的车库里。

A先生就是在这种背景下"阵亡"的，留下了在职场上认识的

191

// 妻子们的思秋期

妻子，和还在读小学、初中的三个孩子……

等待着骚扰电话……

"男人们的战争"背后，是妻子们对丈夫没有尽头的等待，这种无奈与年龄无关。在妻子们身上，我看到了与丈夫们截然相反的另一种世相。

这里记录的是其中一位妻子，在收集素材的过程中，她的倾诉也是我的重要参考材料之一。

"我有一个五岁、一个一岁半的孩子。正常来说，我现在应该是全身心抚养孩子的阶段，其他事情都没空考虑。可我很想知道，自己为什么会感觉如此孤独。

"我们生活在安静的小区一角，与孩子们的对话是我唯一的'说话'时间。以前我们租的是独门独院，经常和邻居们打招呼聊天，我也常常去串门，因为大家的孩子都差不多大。可搬来小区后，'砰'的一声关上门，和邻居没有接触的机会，每家每户的房子格局也相似，我在家的时候，总觉得在和什么做着对抗，反正挺不舒服的。

"最近半年，我慢慢开始和邻居们聊天了，就像以前一样，虽然我还不够自信。

"孤独感倒不是来自于邻居们，而是来自于我和丈夫的关系。

"丈夫今年三十二岁，是普通的上班族。我们六年前结

11 妻子抛弃丈夫的时刻

婚,从学生时代谈恋爱开始算的话,在一起有十年了。我们认识一年后,就以结婚为目的开始交往,彼此间很熟悉,对方的缺点优点都了如指掌。他刚结婚那会儿还不是现在这样,不知道是公司给他的压力太大,还是工作比较适合他,后来他成了工作狂,拼命的劲儿让人害怕。每个月的加班时间都达到公司规定上限的四十个小时,回到家基本上九十点了,连星期天上午也要去公司三四个小时,休息日上班也是常有的事儿,就算偶尔在家,也是关在房间里自己做事情。我结婚后就辞职了,现在家里有两个孩子,也不好出去找工作。生第一个孩子时手忙脚乱,不过也有很多快乐,每天过得很充实。但生第二个孩子时,没那么兴奋了,经验也多了,不至于那么慌乱。

"在家里,只有我和孩子们玩,和丈夫的距离渐渐远了。每天下班回来,他都筋疲力尽的样子,喝点小酒,说话也不考虑我的感受,说什么'喝酒的时候,一个人在房间的时候,最惬意',基本上不和我交流,对我说的话也是用'嗯嗯'这些敷衍而已。还说什么'你有什么话要和我说,你就说',好像和我不能聊天似的。我能做的只有做饭洗衣服这些,那和家政妇有什么区别呢?

"前不久,我和他说话,他应付了两句,我就说,'我不是家政妇,你能不能和我好好说话',结果他自言自语嘟囔起来,'我也是做财务做领导的人,想出轨的话,女孩子也是一抓一大把……'这话还不如不说呢。我当时嘴上没说什么,可心里在想,'就你这能力还出轨,连自己妻子都满足不了……'

"所以说,我们的性关系也是冷淡至极。我觉得他对这一点也很在意,所以趁着他偶尔早回来,我就委婉提议,'要不今天早点睡？'结果他回我一句，'早点睡，睡的时间就更短了'。他明知道我的意思，还开这种无聊的玩笑，我更生气了。工作日的时候，他天天累得不行，我也没心情提这种要求，好不容易到周末了，又喝得醉醺醺回来。所以生完我们家老二之后，我们大概就做过一两次稍微满意的。

"最近家里常常有骚扰电话打来，我突然想到，和对方聊聊天也不错啊，可能是因为身体上没得到满足吧。

"我二十九岁了，每天都过成这样子。有时候也在想，等孩子们长大离开了这个家后，我怎么办呢？但反过来想，到时也可以做很多现在不能做的事情，只是目前这个阶段，要照顾孩子，时间被打得很零碎，什么都做不了。

"孩子上幼儿园、读小学的时候，事情比较烦琐，可能也有这样苦恼的时刻，但转眼就忘了。现在不行了，等孩子们长大，还有那么漫长的岁月，我只能继续忍耐下去。

"现在要做的就是在孩子们离开之前，找到自己喜欢的事情，并为之努力。不，应该说是在心里想着要努力，现在被家政妇和保姆的活儿捆着，什么都做不了呢。"

我想直接向社长投诉

经由因工作关系认识的一位心理咨询师的介绍，我认识了雾子。我们见面的时候，她正和丈夫处于分居状态，我刚好开始做"妻子们"的采访，于是也采访了她，这是录音内容的一部分。

记者：您先生是工作狂吗？

雾子：是典型的工作狂。我甚至想过直接找他的社长投诉，想问问他，您知不知道我们家的状态，我想把丈夫从公司里抢回来……他每天到家都过了十一点，最早的时候，也是九点半之后，过了十二点是常有之事，平均下来肯定有十一点……每周说是休息两天，但完完整整休息两天的情况从来没有过，一天外出，另一天的时间被打散，可能上午出去，可能是一会儿……三连休也有一天要打折扣……甚至过年也只能休息一天或者两天。

记者：您先生做什么工作？

雾子：在广告代理店，负责销售……

记者：类似电通和博报堂这些公司吧……

雾子：是某某公司。

记者：（刚结婚）一开始就回来很晚吗？

雾子：不是，刚开始没这么严重，后来给他分配了岗位，具体是什么我也说不好，就是云雀①、家庭餐馆这些，比如哪里新开了某家餐馆，他负责和对方维系关系，突然间出差就多了很多……不过关于店的信息只有他自己才知道。

记者：也就是负责了这个工作后开始变得很忙？

雾子：是的。我自己能力一般，他能力比较强，所以我愿意在背后帮他，让他尽情发挥。有时候我像秘书一样帮他剪下报纸上的新闻，也会从工资里给他充足的零花钱，我除了这些也做不了别的，所以也希望他能够……

记者：我可能说得有些夸张，算不算是你在他身上下了赌注

---

① 指云雀餐饮集团，1969年在日本成立的一家地域性比较强的食品连锁超市。

呢……

雾子：也不能这么说，毕竟还是因为喜欢他吧，看到他一步步变好，我也会很开心……

（他们后来有了孩子，雾子在深夜哄孩子睡觉、一脸憔悴的时候，一想到丈夫做的事情就心寒。他在外面有了情人，而且是雾子认识的女性，是丈夫以前的朋友。这位女性离婚的时候，两个人还一起为她担心过……）

记者：所以，你见过她吗？

雾子：见过，说起来有点乱了……（从我住的地方）走过去只要十五分钟。

记者：住在什么样的地方？是公寓还是……？

雾子：和我们住的公寓差不多……她家里也有不少家居用品，毕竟之前结过婚。我突然闯到她家，过去一看，还真是新婚房子的感觉……

记者：对方吓了一跳吧，突然杀过来。

雾子：表情像见到恶魔一样。

记者：说了什么呢？有没有吼起来？

雾子：说了什么呢……好像说了些什么不好意思，你把丈夫还给我吧，之类的。

记者：你们之前就认识吗？

雾子：嗯，她给我打过电话，说想和我交朋友……当时我们还没见过面。后来也只是打电话，因为我们俩老家在一个地方，也就多了层亲密感，也是因为这个，对我的打击很大……

记者：当时您先生也在现场吗？

雾子：没有没有……（在现场吗？）在，我过了晚上十二点找上门的。我当时不知道她家的确切地址，就在书店的地图册上查了查，大概有了方向，后来在附近晃荡了三十多分钟才确定。

记者：当时他们俩是什么情况？正在亲热当中吗？

雾子：没有。当时时间也不早了，想着应该也休息了。嗯，然后……

记者：您先生吓坏了吧？

雾子：吓得说不出话了……他站在门口，表情好像在说"出去，我们到外面说"，反正不想让我进去……我抱着孩子去的，孩子"哇"的一声就哭了，我挤着门缝，使劲钻进去了，一直往房间里面走，（一直走到了卧室？）是的……

记者：然后，她说，让你坐？

雾子：是的，让我坐下了。

记者：然后呢？开始哭天喊地？

雾子：没有，完全没有。总之我进去了，当时，有种满足的感觉……我对她说，你把他还给我吧，我们约定好。但她没有回答我，可能她没这么打算……我等了等，还是没有回应。但我让她看到了我们的孩子，就这一点，我也觉得够了……

（雾子接受采访的时候，刚接触到"让战争消失的女人集会"运动。她说："我不知道自己有没有这样的能力，但我重新发现了自己。"分开时，她的表情很阳光。那之后，她给我来信，说离开了丈夫，因这场运动认识了新的伴侣，开始了新的人生。）

// 妻子们的思秋期

像新干线火车玩具

我开始写"妻子们"的故事后,有很多素不相识的读者,给刊登连载的报社寄来了很多信函,其中有不少女性都坦率地表露了切身感受。

"读了您的大作《日本的幸福》第一部'妻子们的思秋期',我忍不住想给您写信。我之前从没有给报社写过信,但这次无论如何都想提笔写些什么,连自己都觉得不可思议。我读这个系列的第一感受是:'就是这个!这么久以来困扰我的烦恼就是这个……'但不可否认,我读着读着也会冒出矛盾的念头,'事到如今还瞎想什么',所以真的很烦恼,就像口袋里的老鼠,找不到出口。

"我今年三十二岁,这个春天,我女儿就要读小学了,儿子也三岁了。每天,我早上七点目送丈夫出门上班,一直到夜里十二点等到他回来。漫长的一天里,我是母亲的角色,做家务、带孩子,得不到解放。有大把时间,可以听音乐、读书,一个人想做什么都行,也没有什么不自由。可一个星期有六天,都是我和孩子三个人吃晚饭,这已经成了自然。结婚七年了,我从没有机会说'等爸爸回来了,大家一起吃晚饭吧'这样的话。

"七年间,一次也没有。

"丈夫三十五岁,是个温柔稳重的男人,身体健康,喜欢

妻子抛弃丈夫的时刻

音乐和读书,不发牢骚,周围的人也很尊重他,信赖他。我一直认为,我选择他做丈夫,他选择我做妻子,我们的结合是无与伦比的幸福。

"可是,重新审视现在的生活时我会觉得,继续这样下去的话,我今后的人生可能并不是看上去那么幸福。每次我苦恼到最后就会想,有些女人的丈夫病了不能出去工作,有些女人守寡,还有些男人酗酒……可我们家那位身体健康又体贴,和那些女人相比,我不是很幸福吗……想到这里我就心安不少,所以每次都解决不了问题,烦恼被我强行按压下去后就不了了之了。连载里的内容,正是我这八年来的困扰所在,可也正是因为八年了,我才会想,事到如今还说这些干什么……

"读了这个专栏后,我有一种安心感,'原来有这么多人和我一样啊……',但同时也忍不住生气,'这么多女人被逼到走投无路……'越想越生气。

"我有时候担心,会不会一辈子都生活在这个安静的街区,等着丈夫回家,等着孩子回来,一个人吃饭,孤独终老……我也太不甘心了,想着想着就要哭出来。

"我不能喝酒,不会有酒精依赖症的问题,但如果能有什么事情让我赌上全部并为之兴奋的话,比如恋爱,我应该会毫不犹豫地沦陷其中。道德界限什么的都不重要了,好在我没有对象,可一旦这样的人出现,就麻烦了。

"只要丈夫还在工作,我就只能像孩子们玩的新干线火车玩具般,一圈一圈,绕着同一个地方转。我后来决定,必须改变自己的想法,在这个家之外的地方找到些什么,否则什么都改变不了。

"每个人都是蜗牛,背上有重重的壳,眼睛紧紧盯着一个地方努力活着。我现在就是靠这个念头支撑着活下去,别人家看起来都是阖家圆满,但其实哪有那么容易?

"我一边写这封信,一边找到了自己的结论,那就是'哪怕不幸福,也要装出看起来幸福的笑脸这种事已经够了,消沉的时候,这样只会让自己更消沉……'不应该像以前那样勉强自己了。结婚这么久,每天只能和丈夫说上两句话,我安慰自己,说不定是上帝在吃醋,才这样对待有着完美邂逅的我们……"

像冻粉一样松松垮垮……

日复一日、周而复始……每天的生活就像传输带的流水线作业一成不变,这位年轻的主妇把陷于空虚的日常生活轨道,比喻成了新干线玩具,而年龄稍大的妻子们的来信则更加灰暗。之前给我们寄信写"和妓女有什么区别呢……"(可以参考本书第一部分"读者来函")的那位女性,在"妻子们的思秋期"连载结束后,再次给我们写信。

那篇文章描写了中老年妻子们的迷茫,激发了我的想象力。

"'妻子抛弃丈夫的时刻',我是一气呵成读完的,好几次都读得反胃,给我的冲击太大了。这个系列撬动了日本社会里的所有家庭,也包括我们家,一股腐臭味扑面而来。

"尤其是那些性关系冷漠,对性绝望的妻子们的心声,让我深深感慨太不容易了……不由得想到自己的情况。

妻子抛弃丈夫的时刻

"在第一部分的'读者来函'里,我写了'没有情感牵绊的拥抱,和妓女有什么区别呢……'朋友读了之后,打电话来问我,'这个是你写的吗?'我说'是的呀……'结果她和我聊了三个小时,把她和丈夫之间那点事也全抖落了出来。'虽说主妇们有朋友相互倾诉,也彼此鼓励说女人要活出自己,可在最深处的性问题上,始终难以启齿'……

"她的先生是毕业于东京大学的精英。有一天,两个人因为一点小事争吵后,他冷冰冰地说了句:'我总觉得老二长得不像我,会不会不是亲生的?'虽然她当时没在嘴上还击,但心里留下了很深的伤害。直到现在,她丈夫生气的时候,还是会对她动手,有时候还殴打他口中和他长得不像的二儿子,可夜里又强行要求亲热……真是让人唏嘘。

"'一整天,没有一句人话,晚上还那副德行。对他来说,性什么的就像撒尿一样吧。因为攒了很多尿,就会有尿意。那我岂不就是个厕所……'

"被逼得走投无路,连分手的心都有了。

"过了几天,另一个朋友打来电话说'我总算找到了能说这个事情的人',听她讲了她和丈夫之间的性烦恼,说了好久,我听得一阵惊讶,然后她说,她丈夫也讲过'二女儿怎么看都不像我的孩子'这样的话。

"'生老二的时候,根本就不能回老家生,他那句话太伤人了……我当时听到他那么说,真是受够了!'后来那天晚上,丈夫好像借题生事一样,竟然把酒馆的妈妈桑带回家,在家里喝酒闹了一整夜,她塞住耳朵,和女儿在隔壁房间忍着。

"男人为什么可以说出这种话呢?难道是他们对自己没有

自信，才会想'是不是其他人的孩子？'女人怎么也理解不了。

"丈夫今天睡得很早，我心想太好了，这才有空写这封信。可内心里，一想到今后还要继续过这样的生活，我就难以忍受。男人和女人都是'二分之一人'，所以才凑成了夫妻，成为彼此的工具一起生活，简直像冻粉捏出来的家庭啊。看起来光溜好看，可实际上松松垮垮，一碰就散了……

"可是，当今的日本社会正是靠这些人在支撑着，想想就可怕。"

后 记

这个系列的报道，从连载之初就收到了各个领域专家们的宝贵意见。比如有教育学者提出了这样的建议："报道中倾向于幼儿还原主义的想法是不是有点追溯过度了？是不是应该再深入剖析一下这对夫妇青年期的问题？"

另外有一位职业女性向我提出了意见："母亲在孩子哺乳期的言行举止，对孩子的人格形成非常重要这一点，我能理解，但过分强调的话，会让职场妈妈陷入焦虑，不知道要怎么平衡。我只担心会有一些扭曲的想法成为主流，说女人应该回归家庭，孩子表现不好都是因为妈妈不在家之类的。"

每一个批评都犀利地指出了报道中欠妥之处，坦白讲，我在孩子的成长期，也没有履行好一个父亲的职责，不想去了解也没有做太多，以至于现在得到了报应，要一边学习教育学和心理学的相关知识，一边现学现用地进行采访。虽说完稿的作品已经得到了专家的指正，自以为消除了错误，但整体来看，不够平衡、力有未逮的地方还是有很多。

另一个不够理想之处在于，这里描述的"妻子们"的烦恼和控诉背后，其实是社会整体结构的问题，但关于这一点还写得不够彻底。可能会给读者一个感觉，就是"个人"的生育史以及人和人之间的心理关系，才是一切矛盾的根源。

　　基于以上这些因素，我把一些补充的采访资料也收在这本书里，也尝试做了修改，但总体来说只是稍微调整了语言表达，没有大动干戈。这也源于自己的能力有限而放弃，留下了不少遗憾。还请读者务必把意见反馈给我，让我在下一本书中再上一个台阶。

斋藤茂男
一九八二年十一月

追踪采访

— 妻子们的革命成功了吗？ —

梦想描写妖怪的生态

"妻子们的思秋期"完成于一九八二年的春夏时期。当时我在共同通信社做记者，文章以报道形式连载在报纸上。

我在这本书的前言部分也提到过，最早做社会栏目的记者时，我经常采访日常生活里形形色色的事件，于是渐渐对作为社会主轴的企业，或者说所谓的资本主义这一事物产生了强烈兴趣。之所以这么说，是因为我认为正是它规定了人类存在的样态，搅动起他们的欲望，也束缚了他们的价值观——简直像妖怪一样来去无影，把人类耍得团团转之后，又将人一口吞掉。我也因此产生了一个念头，想透过企业与人之间的关系，捕捉资本主义的真实样态。但当时并不确定这个想法什么时候能实现。

一九七三年，石油危机爆发，日本的高度经济成长也达到了顶峰，我走访了钢铁、汽车、电器、石油化工等产业的生产现场，也去过很多农村地区的零件工厂。从一九七六年到一九八〇年，我又在银行、保险、贸易、广告等商业领域，追踪采访了白领们的生活状况。顺着这个方向，我从"采访笔记"里整理出一段"飘摇着变形的影子"①，这成了"妻子们的思秋期"诞生的契机，后来这些也成了书的底稿。

如今回过头看，我明白了一些当时不太理解的事情。对企业战士们来说，如果不拼尽全力赌上自己的体力、精神，就会很快被紧追在身后的狂风暴雨刮倒。石油危机、日元升值等打击先后来袭，日本经济成了这一紧急事态下挽回逆势、拯救"国难"的关键，由此展开了一系列通过提高效率起死回生的战略战役。

站在更高的角度来观察企业运营，可以发现几乎所有领域都奉行"杜绝无能者"的少数精英主义，各种各样的管理名词层出不穷，比如减负战争等，总之一切目标都是要驱除那些"掉链子的无效者"，逼迫员工不仅要长期加班，还必须不断提高单位时间内的生产效益。

从二十世纪六十年代开始，以钢铁、汽车为代表的重工业成了经济高速发展的领头羊。关于工厂的生产状况纪实，我收录在了这套《日本世相》第九卷——《我死之后哪怕洪水滔天!》中。采访过程中，我目睹了各个行业为提高效率而采取的种种措施，多次被夸张的场景震撼。

但当时日本企业在生产第一线的苟延残喘之中，多少还留有一丝人性的空间，后来从重工业转型轻工业，以高科技精密工业为主轴的新型产业结构兴起时，才真正进化到最无情冷酷的模式。所有人被逼到没空喘息，连千分之一毫米的缝隙都不留。在无边无际的电脑系统控制下，日本企业像整体换了血，体质不断增强。

丈夫们全面从家庭退场，被吸入企业这个洞穴，变成了没有感

---

① 见本书187页。

追踪采访

情的生物，如同陷入某种病症，除了洗澡、吃饭、睡觉三个词，什么也不会说。

"我和我丈夫，就像坐了两个不同的升降电梯，他一直向上，而我一直向下，就这样错开了……"

在本书开头出场的主人公菊江说了这样的话。我们暂且把她不稳定的心理状况放在一边，看看她的丈夫，这个在银行工作的男人，如何被激励着投身做一名企业战士。当时，电子产业是精密产业的核心，最大的市场就在银行、证券和保险等金融相关领域。这些公司竞相投资计算机设备，在全国马不停蹄地开分公司，拜其所赐，不仅是财务管理，连人事也全部依靠电脑系统，从顾客到员工的管理效率都因此大大提高。

我试图从这样的背景中，去理解菊江和丈夫荣一的关系，当时也得到了不少人的协助，包括荣一公司的同事，以及同行业不同公司的银行职员。采访了他们经历的商业战争之后，我有一个深刻感触，也许机器没有让人类轻松，反而加剧了人类的痛苦，因为它完全榨干了人类。

到二十世纪八十年代后期，泡沫经济时代终于到来。"妻子们的思秋期"一九八二年开始在报纸上连载，从那时候起，日本的海外净资产金额年年激增，一九八五年一举达到一千两百亿日元，超越了前一年的七百亿日元，一跃成为世界第一。到一九八七年，代表经济强势的三个指标——海外净资产、贸易顺差和外汇准备金，都达到了世界第一，一时间，"日本拿下三冠王"成了最热门的话题。

同时，土地价格也一年间连增三倍，手上没有房子、股票、高尔夫会员卡的人可以说无法翻身，社会贫富差距不断扩大到了令人绝望的境地。大家讨论的储蓄金，都是以"亿"为单位，着实浮夸到令人心虚。而围绕着巨大金额的政界人士受贿丑闻也接连不断出现，权力中心的腐败日趋严重，这一切都加速了崩溃的到来。这个肥肠满肚、面目诡异的金钱大国在看似光鲜的外表下步步走向失控，也让女人们的生存价值沦丧于空虚和绝望之中。我用"思秋期"这个词所命名的现象，可以说正是她们在危机即将爆发的前夜，凭着本能发出的危险预警信号。

丧失生存意义的构造

连载在报纸上登出后，引起了剧烈反响，远远超出我的预期。有相似经历的"妻子们"不仅仅存在于大都市，也遍布在中小城市和农村地区。她们都寄来了读后感（本书也刊登了一部分），甚至还有读者特意从老家赶来东京见我。"思秋期"情绪在多地同时全面爆发带来的冲击，也让当时的我不得不再次审视这个问题的普遍性和重要性。

本书中，在"与X先生的对谈"部分里多次提及"妻子们"的苦闷之声有来自家庭深层的原因。当时，大多数家庭主妇身处相对闭塞的生活状态，借此契机，她们将心底对丈夫的愤恨与不满喷吐而出，似乎也可以说是必然结果。正如X先生指出，"男主外女主内"这种传统的性别规范意识，以及由此带来的分工制度才是真正的"震源"。

二十世纪六十年代的经济快速增长政策提出之前，从一九五五年起，各个住宅小区里已开始准备大量"蜂巢"式的小户型公寓，供城市及周边地区的小家庭专用。原属于农村的廉价劳动力被释放出来，不论男女都被安置在这个容器里，按性别分工制度变成了"白领丈夫和专业主妇"，固定家庭模式由此形成，企业生产活动的基础设施也由此完成。

女性承担了育儿和家务的重任，每日进行着无穷无尽的重复劳动，这些却不能作为有社会生产价值的活动而得到肯定，男人们却由此获益，毫无后顾之忧地专心投入工作。分工制度高效运转，这才有了二十世纪六十年代的日本经济发展。虽然成果令人惊叹，但这背后最大的负面遗产，就是妻子们生存意义的丧失，积压在她们心底的思秋期愤怒情绪，和企业的净资产同步增加，不断膨胀。

本书刊登的几篇读者来稿，表达各有不同，但都诉说了一样的情绪。只是这些女性对男女性别分工的固有意识，以及这背后社会、文化给她们输出的社会性别（Gender）规范意识，诸如"男人应该怎样"、"女人应该怎样"等，是否真的有所认知，我还无法确定。

思秋期的情绪与社会构造本身有着密不可分的关联，这些情绪后来何去何从？"妻子们"是否逃离了魔咒，或者克服了心魔？当时的"妻子们"和现在的"妻子们"，在意识层面和生活方式上是否发生了变化呢？

写给自己赚钱自己花的妻子们

在采访的那段时间，很多人给了我帮助，有人刚好是思秋期的经历者，有人身边有朋友经历了思秋期，她们都向我描述了各自的心路历程。

其中有一位A女士，是中产家庭的主妇，经历了和书里"妻子们"相同的状况。和我沟通的过程中，她有时还会聊起和丈夫的性事，好像现场直播一样，略带羞涩。

"哎呀，都过了那么久了呀，那次采访之后……"

A女士说着，眼神里流露出一丝怀念。

"那段时间你给我的印象，简单地说，就是陷在'思秋期'的状态里，现在已经没有那种情绪了吧？"

当时的她深陷酒精依赖症，日复一日地纠缠于昏天暗地的恶劣家庭关系中，所以给了我这样阴郁的印象。

她现在搬去了东京附近的小城市，一个因温泉而出名的地方。

"住在这个温泉小镇，我常常发出'哇'的感慨，感觉什么都不一样。经常有女性成群结伴来玩儿，有四十多岁的，五十多岁的，都打扮得很精致，看起来很有气场。看着她们，回想这十年，我觉得最大的变化是，主妇们开始挣钱了，自己花自己挣的钱，才有了这一光景……"

职业女性急速增多，的确是一件革命性的事情。从一九七五年到一九九〇年的十五年间，女性员工的增长率达到了57%，而男性只有18%，女性几乎是男性的三倍。

主妇们的情况也发生了巨变，她们从专业家庭主妇成为兼职主妇，从"家里"走到了"家外"。我采访"思秋期"的一九八一、一九八二年间，工作的已婚女性还不到半数，到一九八三年时却有51.3%，一九九一年有53.2%。

特别是年龄在四十岁到四十五岁之间的女性，因为不需要抚养孩子，她们的工作比例达到了68.5%，其中尤其是四十五岁到四十九岁这个年龄段的最高，有70.2%的女性在工作。

"社会参与"的背后，无疑是经济在起推动作用，女人们被从家庭里拉出来，成为推动经济的劳动力。因为电子自动化引起的生产减量，租金降低，雇佣方式变灵活，女性可以找到很多兼职工作，而从大型重工业到中小企业的产业转型，也进一步拓宽了女性的职场空间。

A女士说："确实也会考虑将兼职赚来的钱用来补贴家用，也可以用于孩子补习费的周转。不过放眼周围的人，大家基本上赚钱都是花在了自己身上，吃法国料理呀，去集体旅行呀……想来，要是十多年前，一群女人放着老公不管，自己跑出去泡温泉什么的，简直不可想象，可现在却成了很常见的事情。这应该也是男女关系上一个很大的变化，男人们也不得不接受这一点。"

从依附属性中得到解放的女性

B女士也是其中一位采访协助者。她从自身经历出发，认为女性从"家里"走出来，是引起变化的重要原因。

"所谓思秋期阶段，是因为女性一结婚，就被困在家庭的囚笼中。一整天下来，都没法跟成年人说几句有意义的话，顶多就是和洗衣房的大爷说几句。'结了婚的女人不用说话'是常态，所以哪怕只是兼职，别人称呼你的时候，不是带着'谁谁的女人'这个意思叫你'某某太太'，而是直呼'某某君'，也能够和成年人聊些有意思的事情，说不定还能交到一两个投缘的朋友……光是如此就已经很幸福了。听起来很可悲吧？"

从数据来看具体情况如何呢？有研究者的调查显示，日本的企业文化一直倾向于把女性划为"二流劳动力"，尤其是中老年女性，名义上是兼职，却要忍受着工作时间长、工资低、非正式雇佣、无福利的待遇，简直可以称为"全职的兼职"。

众所周知，与欧美国家相比，日本的男女工资差距相当大，虽然第一份工作的收入差距在不断减小，但正式员工中女性的工资，在一九七五年的时候，只有男性的61.4%，之后差距更是逐步扩大，一九九一年只有男性的60.7%。

如果算上兼职，一九七八年女性的平均工资约为男性的56.2%，而到了一九九一年，差距不但没有缩小，反而扩大不少，只有50.7%（统计的是员工人数在三十人以上的公司）。据说有些行业甚至只有40%。

但即便工资低到连买一件衬衫都会犹豫不决，女性也获得了通向自由的途径，从依附属性中得到解放，改变了思秋期时被束缚的心理状态。B女士这样告诉我。

作为女性问题研究者的C女士理解得更为深入。她的观察是，如今身处"家外"的女性，大致可以说是两极化或者说三极化。

一类女性是全职工作，可能是当公务员，也可能在公司做文职，工作时间与男性相差无几，但一到结婚、生孩子、带孩子的"难关"，就不得不承受很大压力。有一个名为"计算机化与女性劳动问题研究协会"的组织在某一期内刊（1991年12月出版）中，用具体数据介绍了从一九八二年到一九九一年间，刚好是《妻子们的思秋期》出版的那一年之后，女性经历的身心变化。其中有一份精神诊所的调查数据表明，轻度抑郁症患者的数量每年都在增加，尤其是在一九八六年《男女雇佣机会均等法》实施之后，增长更为显著，到了一九九一年，该诊所的女性患者数量甚至超过了男性。另外，根据一份就职信息杂志的数据，职业女性当中身患过敏性大肠炎的人群也在不断增加，具体症状是在上班路上或者开会前，常常拉肚子或者腹痛。原因无外乎是压力。

第二类女性大多在经济上依赖丈夫，业余时间利用自己的语言或者爱好优势，赚一些微薄收入，但最大的乐趣还是构建自己的人脉圈。有不少市民活动的积极参与者都属于这一类。

第三类女性是"有情怀"的主妇群体，她们热心和政府、企业联合运营公益活动，坚持"不以赚钱为目的"的理念，通常从做志愿者开始，比如给独居老人配送便当等。但现实与理想之间常常发生矛盾，比如既要注重高效、合理、提高业绩、以"员工"奉献程度来划分收入，又强调非营利、人人参与、奉献，往往会有冲突。此外，迫于生活，不得不做廉价兼职工作的女性也大有人在——C女士这样和我解释。

唱K和出轨

"大家的生活都很潮，不断享乐……比如去KTV时常常见到一群群的主妇，我都忍不住惊讶，不会吧，这些人居然是普通的家庭主妇？"

D女士告诉我她近期观察到的，妻子们趋向于"兼职主妇"的生活状态。

最近几年，各地多有召开由市政府主办的演讲会和讨论会，其中很多是由主妇们组成的执行委员会参与组织运作。D女士居住的城市也是这样。前段时间,这里开过一个"努力创造实现男女平等共同参与型社会"的主题会议。结束后,执行委员会的女性成员,还有市政府那边的职员们说要去庆功宴,一群人最后去了KTV。

"大家都很习惯这样的场合了,哪怕是第一次见面的男性,只要主动和自己搭讪,都能愉快地速配组成搭档,还能默契地合唱'女人的人生啊,就是继续忍耐……',真不知道之前到底开的什么会……可能不少人都是想趁这个机会认识些人,希望男女关系甚至还能再往前一步……完全不像以前,谈情说爱都要上升到生离死别的地步。现在都不存在什么罪恶感,适度享受一下,各回各家……感觉大家没有把这个事情想得很严重,不过是发泄一下对生活的不满,不痛不痒的,若无其事……"

这么说起来,最近十多年,"出轨"这个词也用得泛滥了,不像我以前去做采访的时候,一提到出轨,大家都莫名紧张。现在的当事人好像也没有那么在乎,说起来都漫不经心的。

我见过一位女性,以前在银行工作,婚后辞职,四十多岁的时候回到原公司做兼职。说是兼职,上班时间和工作内容都和正式员工不相上下,但也做得乐此不疲。她和丈夫育有两个孩子,同时也与两位男性保持着情人关系。其中一位是在地方自治体举办的活动上认识的已婚男士,另一位是按摩师,和他妻子也认识。有时候工作日的晚上,她收拾完碗筷,编个借口外出,很快就回来。有时甚至不去旅馆,直接在情人的车里约会。

她说"对丈夫没有任何愧疚"。我后来在距离东京市中心一小时车程的街区,见到了她的丈夫。他是在金属机械制造公司里做技术岗的中层管理人员,工作踏实,备受信任。据他说,他对妻子的行为没有任何怀疑。他为人老实宽厚,对妻子的兴趣爱好一向是持开放支持的态度，也不拘小节，虽说两个人夫妻关系比较淡，但彼此间也没有太多不满。他给人的感觉是豪爽又单纯，内心温和，是适合过日子的类型。

崩塌的空洞

有一位女性心理咨询师，平时多接手离婚等家庭案例，曾处理过不少中老年夫妻的家庭问题。她说："我常常遇到毁三观的事情，有时忍不住怀疑，一夫一妻制度是不是已名存实亡？"据她说，夫妻双方出轨，而出轨的对象又另外有情人的情况并不少见，甚至还能画出一个关系网络图。这种现象该如何解读呢？

本书在编辑阶段，我曾与四位评论者促膝长谈。

上野千鹤子女士针对《妻子们的思秋期》，先抛出了问题："我当时就预测，思秋期不过是阶段性现象，不会延续太长，这话今天看来没错。虽说女人们的周边环境没有得到太大改善，但在思秋期之后，出现了很多游戏人生的女性，她们不像现在五十多岁那辈日本人那样，对享乐有负罪感，现在的女人会玩，也懂得如何放松自己。"此番评论与采访协助者们的现场描述有着神奇的吻合感。

上野千鹤子：虽说日本离婚的人越来越多，但还不能和发达工业国家比肩，而且婚姻的稳定性也很高。晚婚晚育现象在不断加剧，不过非婚生子女并没有增加。我们手头没有能准确捕捉到家庭变化的数据，但从宏观统计来看，没有剧烈变化的社会其实就是"陈旧的社会"，在这个阴影下面，离婚和出轨等现象步步加剧了社会制度的空洞化……

汐见稔幸：其实，（年轻女性）并没有朝着改变社会制度的方向去解决问题。就像不管晚上在东京娱乐场跳得多欢乐，第二天照常去公司上班，不放纵一下就没精神一样，其实不过是在拼命寻找获得能量的方法而已。但我不认为这能持久。

的确，各项指标呈现出来的社会现状很"陈旧"。比如非婚生子女，一九九二年发表的《国民生活白皮书》的副标题是"少子化社会到来的影响及应对措施"，其中在与国外做对比的部分，就显示出在日本结婚生育的社会压力。

比如，"即便结了婚也不一定非得要孩子"这个问题，赞成的人在美国有85.9%，法国有77.5%，德国有70.8%，而日本只有22.2%，差距悬殊。在日本社会，大家普遍认为婚后生孩子是"理所当然"。

在是否认可未婚妈妈的态度上也有类似倾向，持认可态度的人，法国有60.8%，美国有31.1%，而日本仅有10.9%。这种想法造成的影响也会呈现在其他数据上，比如非婚生子女在新生儿中的比例，法国有28.2%，美国有25.7%，瑞典甚至达到了51.8%，而日本仅仅只有1%。

通过这些数字足以窥见未婚同居以及非婚生子女所承受的社会压力，而合法妻子则受到各种法律的保护，坐拥"正妻的权利"，税、社保等制度都非常健全。在这些制度的庇护之下，大家为了自保，都附和同样的价值观，因为从众最安全。这种被引导的生存哲学与社会不无关系，可以说外部环境的方方面面都在强化这一点。

寻找新的酒精

E女士给本报的"读者来函"栏目寄过信,后来也被刊登了出来。

她从二十世纪七十年代起就一直对教育和环境问题很关心,并积极参加了各种市民活动。切尔诺贝利事故发生后,很多女性对核发电厂的安全问题以及食品污染高度关注,组织了各种活动,E女士也被选为活动讲师,参与了各种市民集会和女性集会。当时,借着这股风潮,从日本中央到地方政府接连掀起了被称为"多贺子[①]旋风"的女性参政热潮。

"最近吗?最近过得很舒心呢,不怎么被呼来唤去了。前几天和年轻的妈妈们聊天时,她们说最近的补习班还提供便当,这样的话,主妇们还需要做什么呢?而且,你问她们难道不担心便当的质量吗?基本上没有太大反应。当然有一部分人因为旧习惯,比较执着吃糙米和自然食材,也发起了一些相关运动,但大多数人的观点是'担心这么多的话,那什么都不用吃了'。"

从二十世纪八十年代到九十年代,日本的泡沫经济经历了从扩大到破灭的过程,女人们在目睹着企业社会的狂飙猛进和政府部门的腐败加剧现象的同时,依然一根筋地推进市民活动。但清楚看到盘踞在政治权力宝座上的男性社会构架之丑陋后,她们不可能再对

[①] 指土井多贺子(1928—2014),日本知名政治家,日本社会民主党名誉主席。在1989年举行的参议院选举时打出"反消费税"政策,刮起"土井旋风",为社会党赢得重大胜利。

此信任，也感到了深深的空虚。很多人还明显感觉到自己体内，心灰意冷的阴影在不断扩大。我一边听E女士说，一边想象着这幅场景，真实得可怕。

"大家好像不怎么思考这些事情了，或者说感情越来越麻木……"

E女士已经结束了自己的思秋期，但她觉得，又有新的桎梏将妻子们困住。聊了之后不久，E女士寄来了信件。

"很久没有和您通电话了，非常感谢您。那个时期，我和丈夫的生活，就像枯竭的枯山水，我真的很渴望'交流'。

"《妻子们的思秋期》出版十年了，十年前我甚至还烦恼，自己是不是和妓女一样——即便是现在，我也不过'和丈夫生活在同一屋檐下'，但人却变得有精神多了。

"我有一个朋友，整天梦想着能和她的狗单独生活在一起，结果狗比丈夫死得还早，她很伤心，感慨着'我这还是要孤独终老呀……'后来，她的丈夫去世了，连葬礼也没办，她受了邻居不少白眼，女儿因受不了而割腕自杀，还好被抢救过来。没办法，她只好搬去了很远的一个小地方。

"还有个朋友，刚生完孩子的时候，被丈夫怀疑说'这不是我的孩子吧'，因为要面子，丈夫还把居酒屋的妈妈桑带回家，把我朋友折磨坏了。后来，她的丈夫得癌去世了，去世前还从医院跑出来，去见了一直交好的妈妈桑。我朋友知道后，眼泪都哭干了。

"回想起这些事情，我才发现，其实不论是我，还是我身边被称为'妻子们'的女性，都放弃了搭建与丈夫沟通的桥梁，不论她们的丈夫已经离世还是健在，就这样过了十年。

"想过河的时候才知道水有多深——

"前段时间,我假装被骗而潜入了'催眠商法'的会场。

"销售的口才无须赘言,但更引人注目的是主妇们配合的热情,和她们的小团体沉迷于各种旅行和唱卡拉OK一样,也许这是她们现在找寻的新'酒精'。

"不,我觉得,她们不找到誓不罢休……

"昨晚,我又认真重读了一遍《妻子们的思秋期》。

"下次再聊。请多保重身体。"

尽管婚姻观发生了变化

不论是以前的采访协助者,还是女性问题研究者,她们给出的意见有一个相通点,就是"女性的生存方式变得多样化,对彼此间的选择也有了更高的包容度"。

其中一个表现就是,大家从"女人的幸福是结婚生子"这一传统的固有观念,开始转变成认为"结婚很好,不结婚也无妨"。有一份与人口相关的意识调查显示,打算"一辈子不结婚"的女性,20～24岁之间的有2.5%,25～29岁之间的有3.5%,比例相对较低,也许是这个年龄段还对婚姻抱有强烈的意愿。但到了30～34岁的阶段,这个数字翻了一倍,达到了7.2%,越往上比例越高。35～39岁之间,达到了24.1%,40～44岁之间有33.9%,45～49岁之间的超过了半数,有57.9%,竟然有近六成女性都对婚姻持否定态度。

许多女性并不是强烈主张终身未婚,只是晚婚化趋势越来越明显，而且无论哪个年龄段，大家都表示"有好男人出现，才考虑结婚……"

根据日本总理府发表的《针对女性生活与工作的意识调查》，《男女雇佣机会均等法》实施后，女性的职场参与度趋势而上，这也是助推结婚年龄不断推迟的原因之一。

针对"为什么会这样？"这个问题，受访者做出如下回答（含多选）：

"职业女性多了，女性的经济实力提高了。"——73.2%
"单身生活更自由。"——40.4%
"外界对不结婚的指指点点变少了。"——32.8%
"想继续工作的话，保持单身比较方便。"——32.8%
"婚后做家务、抚养孩子的负担和拘束太大了。"——25.5%

婚姻观的变化，职业女性的增多，以及对女性的"职场友好度"提升等因素结合在一起，自然也对"生孩子"的选择造成很大影响。

根据日本厚生劳动省的人口动态调查（1992年），一位女性一生所生孩子的数量（含特殊出生率）是1.5，东京都是1.14，大阪是1.37，大城市的这一数字较低，值得关注。在高学历的都市人群中，以职业女性居多，接触观念变化的信息也多，有更多机会选择自己的生活方式，她们的数据指标基本上也代表了时代趋势。

十年前大多数"妻子"在苦恼于思秋期的时候，尚且看不到如此丰富多彩的人生选择，从这个意义上来说，女性应该说是变"自由"了。然而，实际状况又如何呢？

F医生是精神科医师，负责治疗女性的酒精依赖症，现在，她也每天接触深陷依赖症的病人。

"（病人们的）数量和那个时候相比，并没有太大变化……"

这话该怎么理解？F医生引用了一个病例，向我们解说了女人们的精神状况，其实思秋期情绪无非换了个形式，女性依然被女人的身份束缚着，她们进入了"新的思秋期"。大意如下。

现代思秋期的构图

F医生说，《妻子们的思秋期》里描述的酒精依赖症，是因为那一代女性一面在内心想要独立，活出自己，但另一面，这种理想的身份认同得不到实现，被母亲、妻子的角色所束缚，陷入身份认同的危机。有人表现为酒精依赖症，有人虽然没有沉迷酒精，但试图通过与孩子的亲密接触得到心灵治愈。如果是儿子的话，就很容易成为"冬彦①"，甚至有可能引起家庭暴力和拒绝上学。女儿的话，则容易形成过度亲密的母女组合。

"时光流逝，过去那么久了，如今看来更需要关注的是，一些女性看似活得独立，正能量满满，绝不会依赖什么，但另一方面，却继续忍受着丈夫的暴力，被折磨，又无法丢下家人不照顾，扮演着'用情至深的女性'角色，这种人不在少数。她们将生存意义寄托在被对方需要，比如明明已经受到非人的暴力，向家庭裁判所提

---

① 指1992年播出的电视剧《一直都爱你》中佐野史郎扮演的恋母控角色田代冬彦，当时引起了"恋母控"一词的普及。

出离婚调停,但还是难舍难分,最后回心转意。现代思秋期的特征已经出现在她们的女儿一代,在当下这一代年轻女性的心里,引发了各种各样的'成瘾现象'。"

成瘾——对应的英文单词是"addiction",这是日常生活里不太常用的一个表达,但描述女性问题时却很常见。根据专家下的定义,这个词原本表示着迷、恶习、药物依赖等意思,但也能用于描述"深陷某个习惯,把达成这个习惯作为生存目的"的状态。这种状态有很多表现,大麻和酒精成瘾是比较有代表性的传统形式,"食物成瘾"通常表现为暴饮暴食、失去对进食的控制,还有一边偷东西或读书、一边吃饭,也是一种成瘾症状。菲律宾前总统马科斯[1]的夫人伊梅尔达[2]逃亡后,宫廷里留下了她的大量衣服、鞋、墨镜等物件,极度奢侈的生活引起轩然大波,这属于"购物成瘾"。而"爱情成瘾"则是人际关系层面的成瘾症,比如必须和别人保持爱情关系,才不会觉得不安。

F医生有一位患者,二十六岁的G女士。她曾在某个组织举办的选美大赛中拿过冠军,之后就以减肥为名拒绝吃饭。后来,她和很多厌食症患者一样,每过一段时间,就会猛吃一顿,吃完又吐,变成了过度进食呕吐症,直到现在症状也没有消除。有一天,她母亲陪她一起来了医院。

"我外出的时候一定要打扮得很完美,洗澡要花一小时,然后化妆、换衣服,差不多需要四个小时。就连去医院也要穿得很精

---

[1] 指费迪南德·马科斯(1917—1989),菲律宾前总统,1965年至1986年统治菲律宾。
[2] 指伊梅尔达·马科斯(1929—),菲律宾前第一夫人,人称菲律宾"铁蝴蝶",是一位极富传奇色彩的世界级名媛,以生活奢侈和收藏大量鞋子而闻名。

致……"

曾是选美冠军的她,后来结了婚。婚后生活说起来也很怪异,她和丈夫的新房盖在了公婆住的豪宅一角,但真正住在那儿的只有她丈夫一个人,她自己还是像以前一样,住在父母家,只有睡觉的时候才回丈夫身边。

"问她为什么……她说,在丈夫那里不自在,总感觉不是自己的地方,很孤独,必须和妈妈在一起……母女俩也一起商量着隐瞒厌食症,死都不说,所以结婚一年多了,丈夫还对此一无所知。"

"女人应该怎样"的桎梏

到底,为什么会有这样的症状呢?医生说,除了当上选美冠军带来的压力,想要变得更苗条更美之外,还有一个原因。

"女孩子在升入中学之前,会被父母和周围的人不断灌输学习能力越强越好的观念,因为只有入学考试才没有男女的性别之差。但是到了中学高年级,又会被灌输不太一样的说法,什么只会学习的女孩子不受男生欢迎,大家喜欢有女性魅力的女生,这和之前灌输的能力越强越好的说法矛盾。而那个时候,母亲是什么样的女性,会对女儿能否跨越这一关有着很大影响。"

G女士的母亲以前是高中老师,女儿出生后没多久就辞职了,在家里帮着丈夫打理事业,之后展现出她高超的经营管理能力,成了背后的"社长"。

"她丈夫有酒精依赖症,她一边悉心照顾丈夫,一边为女儿操心,一直鼓励女儿'一定要考上好大学',也四处奔波找了不少关系。女儿也像注定好似的,考上了好高中、好大学,只是在生活上完全依赖母亲,没有自理能力。虽然能力比不上母亲,但她心里其实并不希望成为母亲那样的固执、能量无限的女性——从女人的角度来看,母亲并不幸福,我不要成为她那样的女人。如果女孩子不认同母亲,就会在身份认同的形成上产生阻力。这位母亲的情况也是,一方面有独立的想法,认为'女人必须要有事业,能独立生存',但另一方面,虽然对丈夫已经绝望,但心里还是想'女人就该有女人样子,还是被丈夫捧在手心里最幸福了',这两种互相矛盾的信息不断传递出去,也在女儿心里产生了混乱。这位母亲是很典型的例子,把身份认同危机遗传给了下一代。"

曾经在《妻子们的思秋期》里出现的多位女性,用酒精依赖症的形式,表现出自己内心的各种纠结,而现在的妻子们换了个间接的方式,把自己的纠结传递给了下一代,女儿或儿子——医生从医疗第一线的经验中解读出了妻子们这样的内心写照。

"在思秋期浮出水面之前,作为工作狂人的企业战士和满足于照顾丈夫的妻子这样的组合支撑了日本社会的发展。但进入二十世纪八十年代后这一模式开始崩溃,女性积极主动地参与到各种社会活动中,元气满满地想要活出自己,但在我看来,即使是这些散发着正能量的女性,她们内心也没有实现真正的独立。"

进一步窥探她们的内心会发现,这些女性还是想通过相夫教子依附于对方,始终没有摆脱想要"活得像个女人"的脚镣。

"社会性别"(Gender)这个词,不是说生物上的雌雄区别,而是指社会、文化层面形成的性别意识,规范我们"女人应该怎样"、"男人应该怎样"。F医生说的"没有实现真正的独立",就是用社会性别这个标准来衡量,虽然这个概念在日本还没有那么普及。女人们深陷自身内外的矛盾与纠葛，所以思秋期依然存在，只不过是换了个形式，甚至隐藏得更深了。

因暴力而动摇的家

在这个案例中，父亲有酒精依赖症，有时候甚至会家暴，母亲想离开却没能离开。一边抵抗，一边又通过照顾对方获得对方对自己的依赖，这样的妻子很多，她们想和家暴丈夫分手，却总做不到。用暴力来交流也是人际关系成瘾的一种表现。

一九九二年，"DV（Domestic Violence，家庭暴力）调查研究会"有一项针对女性的调查，调查结果可以看出不少问题。参与问卷调查的女性平均年龄是43.5岁，刚好是那一代曾经历思秋期的女性。学历在短期大学以上的有61.8%，职业女性（包括正式和非正式员工）有69.7%，她们中或多或少遭受过家暴的竟然有78%，施暴者有公司白领、医生、大学教授、中小学老师，这和收入、学历以及社会地位并无直接关联。

在家暴的具体内容一栏，有人写着"突然把我从楼梯上推下来"、"把我的头按到水里，差点让我窒息"、"把我的脸按到热水炉旁边"，等等，所用的武器不仅仅是拳头，还会用球拍、木刀、皮带、衣撑子，还有打、踢、扯头发、用烟头烫等各种残忍方式。甚至有一位女性勾选家暴具体形式时，十个里选了八个，还补充了一条："零下五度的寒冬，让我赤裸裸站在院子里，从头泼了一盆冷水下来，我彻底心寒了。"而因为家暴受伤、骨折的人有66.8%。

一直以来隐藏在"家庭"、"夫妻"黑匣子里的事实，终于通过女性之手大白于世。这十年来大家呼吁人权救济，也足以说明女性力量的改变，但与此同时，我们也能从数据看出，还有很多女性忍受着家暴，和施暴的丈夫捆绑成"依赖共生关系"，想离开却无法放手，被深深囚禁。难以看懂的夫妻关系，也正说明了性别意识有多么顽固。当然，当下社会依然是男性主导的社会，横加暴力、压制女性的恶态百出却还对此毫无感觉的男性依然存在。

远去的女人们

如此看来，当我在想如何写这十多年的总结时，不得不坦白承认，"妻子们的革命"，并没有取得彻底成功。

年轻妈妈们开始追求新的成瘾物，热衷于早期英才教育，试图在孩子身上施加附带价值，每天在家研究各类育儿书，甚至被称为"育儿迷"，把抚养孩子当作是自己的目标，没有实现就会深陷焦虑，甚至还对年幼的孩子大打出手——这样的情景令我感慨万千。

自日本的经济高度成长时期以来，男人们创造出一套资本竞争原理，即通过能力高下来给人排序，这一优胜劣汰的组织架构已深深根植于社会。女性也被这套原理紧紧束缚，努力想把孩子培养成传统男权社会里的优胜者，并为此不懈努力。每当看到这一架构被持续再生产的现状，我都忍不住感慨万千。

然而，很多女性还是在这十年间成长了很多。现代化的社会构造有个大前提，就是性别分工制度，这个构造本身起着维系性别差异的作用。但引人注目的是，在全球化浪潮之下，所有领域都出现了试图改变这个基本构造的风潮，女人们的质疑不仅跟上了时代步伐，也开始撼动男人们的思维。

那一代曾处于思秋期的女人们，体会了"进入社会的滋味"，也感受到了在人际关系中让自己成长的快乐。越来越多的女性解放了自己，并通过自身的改变，从男权社会里得到解放，用各种方式燃烧自己的热情。

当然，这条路并不平坦。

有一位在计算机行业工作的女性说："《男女雇佣机会均等法》制定的时候，女人们就批评说'这种法律不是漏洞百出吗？'毕竟经历了泡沫经济之后，行业不景气的情况还历历在目。当时我公司里的派遣女员工全部被裁了，本科毕业的女性也难自保，最后'连烤串店的职位都被哄抢一通'。听起来是自嘲，但很是心酸呀。"

岸本重陈教授认为，日本政府在二十世纪九十年代初期的当下还有财政盈余，但未来几年极有可能发生逆转，不单单是陷入增长停滞，甚至会出现比美国更为严重的情况。

"以前，只要遵循日本管理模式的原则，就能获得相应的幸福，但二十一世纪之后，这一套可能行不通了。"听起来有些可怕，到时候的女性要如何生存呢？无论如何不能再继续天真了。

要承受住残酷的生存条件，在不安的世界存活，就要面对比现在更巨大的身心压力。虽然已经出现了女性的过劳死案件，但大家都把这个现象归结于个人的身体和精神问题，并没有当作社会问题来看待，连政府和工会也没有积极面对这个课题。过劳死、神经衰弱、离婚、家庭矛盾，全被当成是个人的责任，甚至连缩短工作时间这一举措都被弱化，只说是为了避免国际经济摩擦。

正如岸本教授预言，经济不景气所带来的日本寒冬时代即将到来。尽管"人有追求幸福的权利"，但政党和工会都习惯性对此不关心也毫无感觉,也不可能期待其成为"为吃亏者代言"的政治势力。在理念模糊的背景下,联合政权的执政基础反反复复出现变动,缺少能够为少数群体争取权利的政治力量。在这样的大环境中,女性要如何改变社会,将是今后最为重要的课题。

被思秋期困扰的女人们的身影,渐渐从我的视线里走远,最终,消失不见……

译后记

《妻子们的思秋期》是我翻译的第三本书稿，刚开始接到这本书时得知作者是斋藤茂男先生，心里很忐忑。

斋藤茂男先生是日本新闻界极有名望的前辈，曾在日本共同通信社[①]任新闻记者。当年轰动一时的"菅生事件"[②]也是他最先报道，并一路追查事实真相，还因此获得了日本记者会议奖。此后，他一直坚持最大限度地靠近真相，努力还原事实，一九八三年又获得日本记者俱乐部奖。

后来，他辞去共同通信社的工作，开始自由报道的探索。在日本经济高速发展的表面繁荣之下，他敏感地看到了弱势群体的存在，当中有孩子，有老人，有贫民，有家庭主妇……最终，不同群体的真实状态集结成一套《日本世相》系列。而我有机会将其中描绘家庭主妇群体的《妻子们的思秋期》翻译成中文，在深感荣幸的同时，也深感担心。

原因有二，一是是否能尽量还原斋藤茂男先生的敏锐度。他应

---

① 日本共同通信社：成立于1945年的日本最大的国际通讯社，也是非营利法人组织。
② 菅生事件：指1952年发生在日本大分县菅生村（现为竹田市菅生），由日本警察自导自演的镇压日本共产党的事件。

// 妻子们的思秋期

该是好奇心极其旺盛的人，对"真相"有着近乎执着的追求。当时辞去新闻记者的工作，就是因为这个身份对真相的挖掘有诸多阻碍，恢复"自由身"后，他把自己放置于弱势群体之中，和他们一起呼吸、生活，试着从采访对象的视角去了解他们，观察真实的社会，并寻找他想要的答案，那是对"何为资本主义"、"资本主义与人之间的关系"的叩问。

这个契机源自二十世纪七十年代斋藤先生在中国走访时，被一名记者的话所打动："记者不能站在斗争之外远观，而应该置身于漩涡之中。"这句话成了他之后的职业信条。

《妻子们的思秋期》的诞生，就是如此。他原本想要记录的是"丈夫们"，但深入了不同领域，接触了日本男性之后，他敏锐地发现男人背后的"妻子们"更有时代代表性。她们是银行职员、工程建设者、跨国公司高管的太太，但有共同的身份——既是家庭主妇，也是日本经济腾飞的幕后"牺牲者"。

当全民沉浸在繁荣的喜悦之中时，他却注意到了思秋期的女性。她们全身心奉献给家庭，奉献给为工作拼尽全力的丈夫，让男人没有后顾之忧地全速奔跑，却没有人看到她们的痛苦，这痛苦里有无尽的等待、无助的寂寞，还有无能为力的忍受。

这，就是斋藤先生敏锐的观察力。

同时，我也担心自己是否能清楚表达"妻子们"的思秋期情绪。第一次看到"思秋期"这个词时，我也打了问号。"思春"好懂，但何为"思秋"？直至将整本书翻译完，我才知道这是一种多么普遍的存在，正是因为被人忽略，才缺少一个统一说法去概括它。

而书里的主人公多为熟年女性，有长年的婚姻生活，而我婚龄

译后记

不过五年，也没有养育孩子的经历。她们痛苦到极致，甚至自暴自弃、陷入酒精依赖症的心理状态，我虽能理解，却少了感同身受的过程。

但所幸同为女性，也同为已婚，我对她们的"积怨"、"不满"有相似体会，因为这是女性独有的心理，不分国家、不分年龄，这反而勾起了我想要寻找"共鸣"的兴趣。更有趣的是，斋藤先生记录的是日本经济高速腾飞的时代，那是二十世纪七八十年代，而我们当下生活的时代，正是中国经济腾飞的时代，通过那一代日本"妻子们"的心情告白，是否可以为现在的中国"妻子们"，甚至是我自己，提供一些启发呢？

其实，在翻译这本书的过程中，我多次想起《革命之路》，美国作家理查德·耶茨的代表作品。这本记录了二十世纪中叶美国中产家庭的作品，被《时代周刊》评论为"描摹了气数将尽的中产阶级社会关系，让随后的每样东西都显得苍白无力"。女主角爱波为了改变当下的困境，一心要从美国搬去法国，不惜堕胎，最后甚至付出了自己的生命。没错，这是个悲剧的"革命"，但还是燎起了星星之火。

至少在我们眼里，现在的美国女性已经活得相对独立，殊不知在并不遥远的几十年前，她们也曾经历着一样的思秋期。住在郊区大房子里，送帅气的丈夫出门上班，送孩子去学校上学，回到家，站在宽敞明亮的厨房，烤香喷喷的蛋糕……看起来是电影画面一般美好的场景，却没人注意到她们内心偷偷酝酿的"逃离之心"，想逃离这平静得让人压抑的幸福生活，逃离别人眼中的"好太太"、"好女人"，逃离社会对女性的桎梏，对她们的期待。

思秋期绝非特殊情况，更不是矫情，无论在美国，在日本，还

231

是在中国,也无论是职场女性,还是职业主妇,女性的社会性别(Gender)注定了她们要为此付出更多。

单身女性为了实现经济独立,在职场上拼尽全力,却挡不住被逼婚的窘境;另一方面,结了婚的女性也无法一劳永逸,继续在职场打拼的话,就像拔河的那条绳子,被两边来回拉扯,终难两全;而选择回归家庭的女性,全身心扑在丈夫和孩子身上,但这样的付出只是别人眼里的"应该",没有人注意到她们的需求,所以容易成为"怨妇",甚至最终迎来被抛弃的结局。

日本女性的思秋期更为明显,这与根深蒂固的"男尊女卑"文化密不可分。有一次日本朋友住在我家,我做了饭之后,先生洗碗,这样的场景让这位中年女性朋友目瞪口呆的同时,也无比羡慕。在她们的观念里,家务是女性应该做的事情,这样一对比,中国女性的幸福感似乎更强烈一些,至少在"男女平等"方面走得更靠前。但这也不代表中国女性不会有思秋期。

书中记录的时代,加班、过劳死、没有私生活等现象普遍存在,同样地,女性的职场歧视、婚后抑郁、产后抑郁、被逼婚、被逼二胎……也从可怕的新闻事件变成老生常谈,这些,如何不让女性产生焦虑,陷入"思秋期"呢?

斋藤先生在完稿后的二十世纪九十年代写了一篇追踪报道《妻子们的革命成功了吗?》。当时,他给出的答案是否定的,他认为女性仍然深陷"思秋期",只不过换了个形式而已。斋藤先生于一九九九年过世,如果他仍健在,是否会再写一篇追踪报道呢?

事实上,如今的日本社会,已深陷少子老龄化的危机。节节攀高的单身率、终身未婚率、女性不育率已严重威胁到日本社会的发展。很多人认为这是经济增长的停滞所致,其实也有日本人对婚姻态度转变的影响。仅一项调查内容就可看出，比如，针对"即使结婚，也未必一定要有孩子"这个问题的回答，一九九二年表示认同的人只有22%，而最近的调查数据已升至60%。所以，即便安倍政府推出"生育补贴"、"幼儿园无偿化"等各种鼓励结婚生育的优惠政策，依然难以明显改变这一代年轻人被贴上"腐女"、"宅男"、"佛系"等"平成废物"标签的现实。

庆幸的是，比起上一代做甩手掌柜的丈夫，日本男性开始意识到了家庭的重要性，他们开始参与家务，平均参与度达到18.3%，虽然在发达国家中排名依然靠后，但纵向比较有了很大进步。即便在中国，也是"暖男"盛行，他们懂得如何体贴女性、照顾妻儿，不得不说，这是女性前辈争取来的"福利"。

但这种"福利"还没有全面普及，女性依然不能掉以轻心，居安思危总是没错。无论自己当前是怎样的生活状态，也无论自己的另一半是什么类型的男性，有着怎样的原生家庭，都要不断培养自己强大的内心。

这种强大，不只是物质保障，更重要的是，学会不把幸福和快乐全部寄托在别人身上。如书中X先生最后的分析，婚姻的前提是，两个人都是独立的个体，在一起是为了更好。如果我们没有认真想清楚自己是谁，不知道自己想要什么，可能很难找到让自己幸福的那个人。

"幸福的家庭都是相似的，不幸的家庭各有各的不幸"，这句经典的话，只有步入了婚姻的女性，才更有体会。愿我们都能在岁月的磨炼中，成为更好的自己，也期待社会更善待女性，让更多人找到幸福家庭的密码。

本书在翻译阶段，得到了编辑的耐心指导和细心修改，在此表示由衷的感谢。第一次翻译社会题材的书稿，并涉及大量心理学内容，我深感自身积累不够，虽然反复修订，但仍有不满意与未完善之处，希望得到大家的指正，以便在下一本书的翻译中，有所进步。

最后还有一个小小心愿。通过翻译本书，我对作者斋藤茂男先生有了深入了解，产生了深深敬仰。可惜先生已过世，但其夫人仍健在，目前居住在东京。希望我尽快有机会赴日拜访，听一听斋藤夫人的故事，以给我更大的启发。

高璐璐
二〇一九年六月